Wunderbare Begegnung

Wie erhalte ich vom himmlischen Vater meinen Ehemann — meine Ehefrau?

Denis und Suzel Bourgerie

Wunderbare Begegnung

Wie erhalte ich vom himmlischen Vater
meinen Ehemann — meine Ehefrau?

Vorwort von Pater Daniel-Ange

PARVIS-VERLAG
CH-1648 HAUTEVILLE / SCHWEIZ

Deutsche Übersetzung von
Marianne Brinkmann und Ilona Szollar

Portugiesischer Originaltitel (11. Auflage):
«Glorioso Encontro»
11. Auflage: © Edições Logos,
Caixa Postal 5680, 13091-970 - Campinas - Brasil
eMail: denis@edicoeslogos.com.br

Französische Ausgabe (3. Auflage):
«Comment recevoir du cœur du Père son époux(se)?»
© Editions Saint-Paul, 2000

© Deutsche Ausgabe: Oktober 2003
Parvis-Verlag
CH-1648 Hauteville / Schweiz

Internet: www.parvis.ch   eMail: buchhandlung@parvis.ch
Tel. 0041 26 915 93 93   Fax 0041 26 915 93 99

Alle Rechte, auch die des Teilabdruckes, vorbehalten

Gedruckt in der Schweiz
ISBN 3-907525-74-4

Vorwort

Denis, mein Bruder in Kampf und Sieg! Danke, dass du hier so einfach dein Zeugnis gibst! Nichts berührt so sehr wie die persönliche Erfahrung. ... Weder Theorie, noch Idee, noch «Trick», sondern das, was erlebt wurde in einem ganz bestimmten Moment im Leben eines Menschen. Hier ist es dein Leben, das untrennbar verbunden ist mit dem von Suzel...

Und das aus gutem Grund!

In Brasilien begeistert dieses Zeugnis seit Jahren viele Menschen. Und es ist höchste Zeit, dass dieses Geschenk auch für Anderssprachige zugänglich wird. Denn es ist tatsächlich die Antwort auf ein Bedürfnis, ja noch mehr auf eine Dringlichkeit!

Wir wissen, dass — zumindest in unseren westlichen Ländern — immer mehr junge Menschen auf sich allein gestellt sind bei der verzweifelten Suche nach der oder dem Seelenverwandten, mit der oder dem sie ihr Leben, ihr ganzes Leben teilen wollen, für immer..., bei der Suche nach dem Menschen, dem sie ihren Körper schenken, aber zuerst ihr Herz aufschließen möchten. Und dies ein für alle Mal und für immer… Der Einsatz ist so hoch, so groß, dass tausendfaches Zögern ihn verhindert.

So viele Mädchen insbesondere suchen über Jahre — ohne ihn jemals zu finden — den Mann, der ihrer Herzenstiefe entspricht. So viele Männer haben sie enttäuscht, da diese nur egoistisch ihr Vergnügen suchten… Das Mädchen sucht vor allem wahre Liebe, echte Zärtlichkeit, Treue, die jede Prüfung überdauert; möchte sich an eine Schulter anlehnen können, die allem standhält, auch wenn Stürme toben! Und dieses Warten wird so oft enttäuscht! So viele Erfahrungen, so viele flüchtige Liebschaften, die einen bitteren Nachgeschmack hinterlassen! So viel Oberflächlichkeit! So viel Leichtsinn! Und das in dem heiligsten Bereich, den es auf Erden gibt… Letztlich glaubt man nicht mehr an die Möglichkeit einer Liebe, die dieses Namens wert ist, einer Liebe, die wahr, tief, treu, ewig ist!

In deinem eigenen Leben hast du vielleicht unter einer zerrissenen Familie wegen einer gescheiterten Ehe gelitten. Und wenn dies bei dir nicht der Fall war, dann war es bei vielen anderen um dich herum so… Mit Ende dreißig stellt sich dann Angst ein. All das kommt größtenteils von der Implosion einer verwilderten, weil zügellos gewordenen Sexualität, von einer Liebe, die dadurch zerbrochen ist, dass sie prostituiert wurde.

Zahlreiche Bücher von Psychologen oder Ratgebern aller Art stellen Methoden vor, wie man sie oder ihn findet, mit der oder dem ich harmonisieren und auskommen könnte.

Hier, eröffnest du, Denis, andere Wege, die übrigens weitere nicht ausschließen: die des unerschütterlichen Vertrauens auf den Herrn, der Weg des Gebets, des aktiven Suchens nach dem Willen Gottes. Du beziehst Gott mit ein, weil niemand anderes leidenschaftlicher auf mein Glück bedacht ist als Er. Niemand kennt mein Herz und das Herz von ihr oder von ihm so gut wie Gott.

Gott kennt sie oder ihn ja bereits. An Ihm ist es, diese beseligende, manchmal so lang erwartete, so leidenschaftlich ersehnte Begegnung zu gewähren! Denn ist nicht Er es, der uns am Ende, bei der Hochzeit, einer dem anderen schenkt? Ist nicht Gott es, der uns dann einander anvertraut, damit wir einer durch den anderen zu Heiligen werden? Der Gipfel des Glücks!

Dein Zeugnis kann vielen helfen, die Perle seines Lebens zu finden, auch wenn es nicht nötig ist, ... Pilot bei den Goldgräbern zu sein.

In unserer Zeit, in der das Reich der Liebe ständig angegriffen und von tödlichen Viren überfallen wird, wird eine ganz neue Generation durch einen unstillbaren Durst nach Liebe herangebildet. Diese jungen Menschen wollen die Liebe wiederherstellen an der Quelle der Liebe. Sie wollen die Liebe beschützen durch diese schöne Keuschheit, die sie wiederentdecken, ganz so wie die Stratosphäre es der Sonne ermöglicht, das Leben gedeihen zu lassen, ohne alles zu verbrennen.

Sie sagt: «Die Kinder, die wir uns erträumen, sollen nicht wegen der gleichen Verletzungen leiden, unter denen wir gelitten haben. Wir wollen, dass sie Eltern haben, die sich im Glück *crescendo* lieben. Um also morgen unseren Kindern diese Sicherheit geben zu können, wachen wir heute schon über die Qualität unserer Liebesbeziehungen.»

Überall erhebt sich jene zerbrechliche und strahlende Generation, um auszurufen: «Wir wollen eine Liebe voller Schönheit und Licht!»

Lieber Denis, du hast Recht, dich auf das kleine Meisterwerk das *Buch Tobit* zu beziehen. Es ist von wunderbarer Einfachheit und Spontaneität, enthält eine so tiefe Wahrheit, die heute leider oft vergessen wird: die Existenz unserer Schutzengel!

Diese Erstgeborenen aus dem Herzen Gottes, diese ersten Strahlen seiner Glorie, diese ersten Zeichen Seiner Zärtlichkeit, diese Wesen, die nur Liebe und Licht sind, sind wie die Sterne, die unsere Nächte erhellen.

Wir haben leider unsere Augen auf den Gehsteig gerichtet, sind geblendet vom künstlichen Neonlicht der Reklame und daher nicht einmal mehr imstande, die Konstellationen der Sterne zu sehen.

Aber mehr als ihre bloße *Existenz*, die die Freude Gottes ausmacht, ist für uns ihre diskrete und wachsame *Präsenz,* voller Feinfühligkeit für den, der sie zu erkennen und anzunehmen weiß. Welch ein Glück, in ihrer Intimität zu leben! Ja, diese Himmelsfürsten sind uns gegeben als unsere demütigen Diener. Denn Gott hat eine Schwäche für die Schwächsten, die wir sind!

Dein Zeugnis stimmt mit so vielen überein, die die Erfahrung ihrer liebevollen, aufmerksamen Hilfe gemacht haben. Dein kleines Buch ist das *Buch Tobit* für die heutige Zeit.

Mögen Deine Seiten in vielen die saudade[1], die Sehnsucht, nach dieser Engelswelt wecken, die eine Quelle so sanften Glücks ist!

Im Namen aller, die Dein Zeugnis trösten und in der Hoffnung stärken wird: Danke!

Daniel-Ange

2. Oktober im Jahre des Großen Jubiläums 2000, am Fest der Hl. Schutzengel

---

1. Saudade, sprich Saoudadje.

Einleitung

Noch vor wenigen Jahren dachte ich, der Traum, einen guten Gefährten fürs ganze Leben, den idealen Ehemann, also den «Herzensprinzen» zu finden, sei nur der Traum einer Frau.

Als ich aber eines Tages meine Gedanken einem lieben Onkel darlegte, antwortete er mir, das Gleiche träfe auf die Männer zu, auch sie träumten davon, ihre «Herzensprinzessin» zu finden, die dann ihre Ehefrau wird.

Das ist wunderbar, denn keiner von beiden, weder Mann noch Frau, können sich ohne den anderen ergänzen (außer sie hätten eine religiöse Berufung). Gott hat uns so geschaffen, und Er will uns so. Als ich später Denis begegnete, dem Gefährten, den Gott für mich bestimmt hatte, sprach er ebenfalls von seinem jahrelangen Wunsch, eine gute Ehegattin zu finden. Daraufhin wurde mir bewusst, dass Mann und Frau hinsichtlich der Ehe die gleichen Herzenswünsche in sich tragen. Das Problem besteht darin, die richtige Person für sein Leben zu finden.

Wir haben beschlossen, dieses Buch zu schreiben als Dank an Gott für alle Wohltaten, die Er uns durch unsere

Verbindung geschenkt hat, aber auch weil wir zu viele junge Menschen um uns herum sehen, die den inständigen Wunsch in sich tragen, den idealen Gefährten, die ideale Gefährtin zu finden, ohne jedoch zu wissen, wie sie zur Erfüllung dieses Wunsches gelangen sollen und die oft verzweifeln, wenn sie sehen, wie die Zeit vergeht.

Dir widmen Denis und ich dieses Buch, dir als junger Mensch, dir, wie alt du auch sein magst, dir, der du davon träumst, dem Mann oder der Frau zu begegnen, den oder die Gott, der Himmlische Vater, mit unendlicher Zärtlichkeit für dich bestimmt hat, von Ewigkeit her und für alle Ewigkeit.

Wenn du in dir eine großes Traurigkeit fühlst, weil du leider im Moment mit niemandem die Liebe teilen kannst, die in deinem Herzen wogt, weil du niemandem die Zärtlichkeit, den Reichtum und die Schönheit deiner Gefühle und deiner Träume schenken kannst, verliere nicht den Mut: Deine schmerzliche Enttäuschung wird ein Ende haben!

Dieses Buch wird dir die Tür zu einem neuen Leben öffnen.

Wir haben darin unsere eigene Erfahrung beschrieben, um dir die gleichen Fehler zu ersparen, und damit du davon profitierst zur Ehre Gottes. Wir haben auf unserem ganzen Weg versucht, als Mann und Frau die Zeichen zu erkennen, die Gott uns gab, damit wir einander endlich in die Arme fallen konnten.

Viele dieser Zeichen sind gewissermaßen außerordentlich wichtige «Rezepte» für all jene, die den Gefährten, die Gefährtin, finden möchten, den oder die Gott für sie bereithält, damit sie sich nicht auf einem Weg verlieren, der nirgendwohin führt.

Wir laden dich nun ein, das alles zu entdecken.

1. Wüstenjahre

Während vieler Jahre habe ich aus eigener Kraft versucht, eine Ehefrau zu finden. Ich war allein und wusste nicht, dass ich ein schwieriges Unterfangen beginnen und auf diesem Weg viele Enttäuschungen erfahren und Illusionen aufgeben würde. Aber wie alle junge Menschen im Alter von zwanzig Jahren war ich voller Enthusiasmus und überzeugt, dass ich der Frau, die für mich geschaffen war, begegnen würde.

Ich war mir meiner Jugend, meiner Träume und der Qualitäten, die Gott mir geschenkt hatte, bewusst; außerdem war ich stolz auf meinen Beruf als Pilot. Ich war mir sicher, dieser Frau begegnen zu können, wo auch immer sie war. Ich suchte sie mit meinem Körper, das heißt, mit meinen Augen, in meinen Träumen, Wünschen und Sehnsüchten, mit meinen Schönheitskriterien und mit dem unendlich großen Verlangen nach einer Partnerin, sozusagen koste es, was es wolle.

Wer ist letzten Endes nicht bereit, den Preis für eine Partnerin fürs ganze Leben zu zahlen? Für eine einzige, mit der man aufbauen und teilen kann, die man lieben und an deren Seite man älter werden möchte? Mit der man schließlich alle Dinge dieses Lebens teilen kann? Wer möchte nicht lieben und geliebt werden und die unendlich große Freude empfinden, die die herzliche Umarmung und der aufrichtige Satz «Ich liebe dich!» schenken? Und all das in der Gewissheit, füreinander geschaffen zu sein?

Nun sagen zu dürfen: — «Endlich habe ich dich gefunden! Du bist es, du allein, die/den ich begehre, keine(n) andere(n) gibt es, die/der geschaffen ist, um mich zu ergänzen, in mir Harmonie zu schaffen, mich menschlicher werden zu lassen, mich zu beruhigen, mich wie eine Mauer[2] zu umgeben und mich zu Gott zu führen.»

Ach! Wie recht hat der Dichter, wenn er sagt: ***«Die Frau ist die Zukunft des Mannes!»*** Der Mann ohne Frau ist nichts, er ist verloren.[3]

Nun, ich war ein junger Mann wie du, dir ganz ähnlich, der du meine Zeilen liest. Ich hatte die gleichen Träume wie du, die gleichen Wünsche und Bedürfnisse.

Ich begann diese Suche nach der Gefährtin in Frankreich, wo ich mein Studium absolvierte und wo nicht wenige Frauen mich liebten, ohne dass ich jedoch ihre Liebe erwiderte. Das menschliche Herz ist ja ein ganz eigenwilliges Organ, mit so ganz unvorhersehbaren Reaktionen! Das Herz ist größer als alle Räume der Welt!

---

2. Die Frau ist es, die ihren Mann mit Sorge umgibt. (Jer 31,22)
3. *Jésus, Juif pratiquant* — Br. Ephraïm, Sarment Fayard, 1998.

Ich habe diese Frau auch in anderen europäischen Ländern, in denen ich wohnte, gesucht, in England, wo ich mehrere Monate blieb, um die Sprache zu lernen; aber auch in Marokko, in Casablanca, wo ich als Pilot zu fliegen begann. Dort gehörte ich einer Gruppe von 30 bis 40 jungen Leuten im Alter von 20 bis 30 Jahren an. Ich erinnere mich gut daran, wie wir an jedem Wochenende Casablanca und die unendlich weiten Strände hinter uns ließen, um in das Atlasgebirge zu fahren, in Berge von unberührter Schönheit. In ihren Wäldern, die vom Duft tausendjähriger Zedern erfüllt sind, fuhren wir im Winter Ski. Wildschweine, Panther und Affen leben darin, die bis zu den ersten Oasen am Rande der nahen Wüste herunterkommen.

In jener Zeit zwang uns die Unsicherheit in dieser Region, immer als Gruppe im Konvoi zu fahren. Und wir trugen fast alle eine Waffe bei uns, denn die meisten jungen Leute unserer Gruppe waren von der Wildschweinjagd und vom Taubenschießen im Atlasgebirge begeistert. Wir kampierten in extrem abgelegenen Regionen, und abends versammelten wir uns um ein Feuer mit Eukalyptus- oder Zedernholz, um die Kälte der Berge und der Wüstennächte abzuwehren.

Ich habe in dieser Gruppe viele schöne junge Mädchen gekannt, aber keiner war es gelungen, bis zur Türe meines Herzens zu gelangen. — Wie oft habe ich abends bei den Lagerfeuern, die ich so sehr mochte, in meinen «Burnus» eingewickelt den Himmel mit seiner betörenden Schönheit und seinen Myriaden von leuchtenden Sternen betrachtet und ihr zugeflüstert: «Wo bist du denn?»

Wie oft habe ich in den Wüstennächten in meinem Herzen einen Schmerz empfunden. Nachdem ich den ganzen Tag geflogen war, lag ich da im Sand, gegen das Rad meines Flugzeugs gelehnt, weit entfernt vom Lärm des Tages, der uns oft taub macht und am Denken hindert. Während des Tages hatte ich meinen Freunden und den anderen Piloten das Beste von mir gegeben, meinen Enthusiasmus und meine Träume; ich hatte auch stets neue Ideen und verschiedene Projekte entwickelt, aber in meinem Innersten blieb ein Teil, der leidend war. Es fehlte mir ein Herz, das mit mir teilte, was über das Alltägliche hinausging…

Ich erinnere mich besonders an Ouarzazat, diese Oase jenseits des Atlasgebirges, die sich bereits in der Wüste befindet und deren Hintergrund mehrere Bergreihen in den Farben blau, kobalt, ocker, braun, indigo und purpur bilden. In dieser Region unserer Erde, wo es keine Feuchtigkeit gibt, versetzen uns Licht und Farben der Landschaften in eine gleichsam irreale Dimension. Alles ist von unglaublicher Pracht. Und bei meinen Freunden sitzend sagte ich: «Hier möchte ich leben!»

Alles war zu schön, um sonst irgendwo etwas anderes zu suchen. Aber trotz dieser Pracht fehlte mir jemand. Sie fehlte mir. Ich erinnere mich an meinen letzten Blick vor der Abreise, mit dem ich diese Landschaft von solch außergewöhnlicher Schönheit für immer aufnehmen wollte.

«Ich werde mir all das einprägen, um es ihr eines Tages beschreiben zu können. So viele schöne Dinge habe ich gesehen, aber du warst nicht an meiner Seite! Wo bist du?», hörte ich nicht auf zu fragen. «Warum erlebe ich das alles ohne dich, denn nie werde ich alle diese Erinnerungen mit dir teilen können?»

Und mit unendlich großer Traurigkeit habe ich ohne sie Marokko und seine gewaltige biblische Schönheit verlassen… Die Jahre sind vergangen, ohne dass ich je in dieses Land zurückgekehrt bin.

Im Grunde wusste ich, dass für einen Mann, der eine Frau sucht, das Alter kein Grund zur Besorgnis ist…

Ich beschloss also, den Kontinent zu wechseln und ließ mich in den Vereinigten Staaten nieder, um meine Pilotenscheine noch zu vervollständigen. Auch dort habe ich weiterhin eine Frau gesucht, die auf mich zugeschnitten war; ich wollte lieben und geliebt werden! Ja, lieben und geliebt werden! Voller Angst und Bangen bewahrte ich diese vier Worte Tag und Nacht in meinem Herzen, diese vier Worte…

Da mir Vorurteile gegenüber Rassen oder Sprachen völlig fremd waren bzw. sind, war ich bereit, wirklich jene Frau zu lieben, die mein Herz berühren würde.

Als Unverheirateter war ich oft zu Festen eingeladen und hegte dabei jedes Mal die Hoffnung, jene zu finden, die Gott für mich bestimmt hatte. Und bei dieser Gelegenheit fragte ich mich häufig, wo sich denn diejenige versteckt hielt, die ich lieben würde. Ich schaute alle jungen Mädchen mit der Frage im Herzen an, ob meine zukünftige Gefährtin nicht darunter sei.

Es ist wirklich wahr, dass ich diese Hoffnung bei allen Festen hatte, an denen ich teilnahm.

Aber trotz der beim Abschied untereinander ausgetauschten Telefonnummern kehrte ich stets enttäuscht nach Hause zurück. Wieder hatte ich eine Nacht verloren, ohne jener begegnet zu sein, die mich in meinen Gedanken so sehr beschäftigte.

«Warum ist die Liebe für mich so ein schwieriges Unterfangen, während doch alle Freunde aus meiner Kindheit bereits verheiratet sind und Kinder haben?»

Die meisten dieser Freunde hatten anscheinend ihre Gattin von selbst und ganz mühelos gefunden. War ich zu anspruchsvoll, zu kompliziert? Es stimmt, dass mich viele Frauen geliebt haben, ohne dass es ihnen gelang, mein Herz zu berühren. Ich stieß mich immer an einem ihrer wesentlichen Fehler, was mich dann blockierte.

Zwei Jahre später ließ ich die Vereinigten Staaten hinter mir, um nach Frankreich zurückzukehren; ich träumte bereits von Lateinamerika. Nun wollte ich das Gebiet des Amazonas kennenlernen! Als Jugendlicher träumte ich von den dort nach wie vor ansässigen Indianern, von seinem undurchdringlichen Dschungel und seinen riesigen Flüssen. Ich war auf der Suche nach einem großen, weiten Land, im Glauben, dort eher eine günstige Gelegenheit zum Arbeiten zu finden. Ich habe viel erwogen..., nachgedacht...; und zwischen Australien und Brasilien wählte ich dann Brasilien!

Brasilien war es also, wo ich mich niederließ. In den Vereinigten Staaten hatte ich schon vom Charme der Brasilianerinnen gehört; voller Neugierde und Hoffnung kam ich dort an. Ich stellte mir vor, dass es in einem Land, in dem es so viele Frauen und verschiedene Rassen gab, überhaupt kein Problem sei, endlich derjenigen zu begegnen, die ich lieben würde.

Ich fuhr mit dem Schiff nach Brasilien ohne ein einziges Wort Portugiesisch zu können. Auf der Reise lernte ich drei Worte: «bom dia» (guten Tag), «muito obrigado» (vielen Dank) und «caipirinha» (Zuckerrohrschnaps mit Eis, Zitrone und Zucker). Das brasilianische Konsulat in Marseille hatte mir versichert, dass in Brasilien alle Englisch oder Französisch sprechen. Auf dem Schiff konnte ich sehr schnell feststellen, dass die Realität leider ganz anders aussah!

Mehrere Monate blieb ich in São Paulo, um Portugiesisch zu lernen und mich nach Arbeit umzusehen. Vom ersten Tag an liebte ich diese Stadt und dieses Land mit seinem ganz bestimmten Menschenschlag, der sich so sehr von anderen unterscheidet.

Nachdem ich es bei mehreren Fluggesellschaften versucht hatte, auch wegen der Schwierigkeiten auf dem Arbeitsmarkt, ließ ich mich schließlich in Rio Branco nieder, im Staat Acre, ganz im hintersten Winkel von Brasilien, nahe an der peruanischen Grenze. Als ich anfing, den Acre und den Amazonas zu überfliegen, begannen außergewöhnliche Abenteuer als Pilot, die meine Jugendträume sehr schnell übertrafen. Der Amazonas war für mich eine völlig unbekannte Welt, in die ich von nun an ganz eintauchte. Sehr oft sah ich, wie Piloten, meine eigenen Kollegen, in diesem Wald, der eine große Herausforderung für jeden einzelnen darstellte, verschwanden und niemals zurückkehrten. So beschloss ich bald, meine Flüge für mehrere Wochen zu unterbrechen, um diesen Urwald zu entdecken, hatte ich mir doch zum Ziel gesetzt, diese Region wirklich kennenzulernen, um im Falle eines Unfalls überleben zu können.

Während mehrerer Monate bereitete ich eine Expedition vor, um schließlich den Fluss Gregório, der Acre ganz teilt, hinaufzufahren bis zu seinen Quellen und weiter bis nach Peru. Ich wollte die Indianer Caxinaua treffen, von denen einige nach wie vor systematisch unsere Zivilisation meiden, und ich wollte mit diesem unendlich grünen Urwald vertraut werden, der nur durch Flüsse unterbrochen wird, die ihn in Gebiete teilen. Letztendlich fand ich ein Boot, einen Führer, genügend Brennmaterial, zwei Feuerwaffen, eine Axt, einen Sack Maniok-Mehl, eine Hängematte und ein Moskitonetz sowie das ganze notwendige Material zum Angeln, natürlich auch ein Fischernetz. Während mehrerer Wochen bin ich diesen Fluss hinaufgefahren. Als wir an einer Quelle angelangt waren und einige Tage Marsch im Urwald hinter uns hatten, fand mein Führer das erste Indianerlager. Es machte mir riesengroße Freude, mit diesen außergewöhnlichen Menschen zu jagen und zu fischen. Mein Führer war Mischling und wusste, wie man sich mit den Caxinaua-Indianern verständigte; so hatten wir keine großen Verständigungsprobleme.

Ich werde den Tag, an dem wir fischen gingen, nie vergessen. Wir machten in der Nähe eines kleinen «igarape» (Bächlein) Halt; und rasch wurde mir klar, dass die Caxinaua etwas suchten. Sie durchtrennten eine Liane (für mich waren damals alle Lianen des Dschungels gleich), und nachdem sie sie zerschnitten und in Teile zerdrückt hatten, warfen sie die Rinde ins Wasser. Zwanzig Meter flussabwärts bildeten Frauen und Kinder mit Stöcken versehen einen Damm.

Der orangefarbige Saft dieser Liane löste sich im Wasser auf, und diese Droge ließ die Fische, die mit dem Kopf nach unten schwammen, die Orientierung verlieren. Die Frauen suchten dann aufmerksam die Fische aus, die ihren weißen Bauch zeigten, erschlugen sie mit ihrem Stock und brachten sie zum Lager. Die Fische, die verschont geblieben waren, kamen rasch wieder zu Bewusstsein und verschwanden sogleich im kristallklaren Wasser.

Diese Form des Fischfangs, bei der die Natur ganz und gar respektiert wird, versetzte mich in wahre Begeisterung; denn das Gift dieser Liane, das sich im Wasser auflöste, verlor sehr schnell seine giftige Wirkung. Unsere Zivilisation betrachtet diese Menschen als Wilde, in Wirklichkeit sind sie voller Weisheit und respektieren mit Unterscheidungsgabe die Natur, in der sie leben, ohne sie zu zerstören!

Nach diesem faszinierenden Abenteuer mit den Caxinaua-Indianern verließ ich Acre und seine Routineflüge. Auf der Suche nach einem noch größeren Abenteuer beschloss ich, für die Goldminen von Pará zu fliegen. Das stellte für mich eine neue Herausforderung dar, denn in diesem Staat im Norden des Amazonasgebietes befand sich auf den Pisten des Dschungels die ganze Elite der brasilianischen Luftfahrt. Ich flog wie sie, von Sonnenaufgang bis Sonnenuntergang, dreißig Tage pro Monat, und ich akzeptierte die waghalsigsten Flüge, für die sich oft andere Piloten weigerten, da sie fatale Risiken darstellten. Ich selbst war zwar unermüdlich, mein Motor aber war es nicht.

So war ich eines Tages dazu gezwungen, bis zur Stadt Goiânia im Süden von Amazonien zu fliegen, mehrere tausend Kilometer von unseren Pisten entfernt, um meinen Motor auszuwechseln.

In einer der Flugzeughallen, in der ich mein Flugzeug für die Reparatur stehen ließ, begegnete ich einem Mann, der den Sinn meines Lebens von Grund auf verändern sollte. An einem späten Nachmittag, als ich die Mechaniker begleitete, die die letzten Regulierungen an meinem Motor vornehmen sollten, kam ein kleiner, freundlich lächelnder Mann auf mich zu. Er stellte sich mir mit dem merkwürdigen Namen Bonifacio vor und fragte mich, ob ich ihn bis nach Itaituba im Staat Pará gratis mitnehmen könne; wir sollten am nächsten Tag sehr früh abfliegen. Er hatte eine Ladung von 300 Kilogramm bei sich. Da ich allein im Flugzeug war, sagte ich ihm unter der Bedingung zu, dass die Ladung 300 Kilogramm nicht überschreiten dürfe. Wir verabredeten uns auf fünf Uhr am nächsten Morgen vor dem Hangar. Bei Tagesanbruch sah ich von weitem, noch bevor ich am Hangar ankam, dass er bereits vor der vereinbarten Zeit da war und schon alles eingeladen und festgemacht hatte. Aus Erfahrung wusste ich, dass normalerweise alle Passagiere die Piloten zu betrügen versuchen, wenn es um das Gewicht ihres Gepäcks geht. So misstraute ich auch diesem Passagier, der scheinbar wie alle anderen war, und bat ihn, alles wieder auszuladen, um das Gewicht zu überprüfen. An die Waage gelehnt schaute ich ihm zu, wie er gut gelaunt das Gepäck auslud. Meine Überraschung war groß, als ich feststellte, dass sie tatsächlich genau 300 Kilogramm betrug!

Während des Fluges öffnete er neben mir eine Kühlbox und bot mir mehrmals sorgfältig nebeneinander angeordnete Sandwiches an. Wie sehr unterschied sich doch der Passagier, der diesmal mitflog, von den anderen!

Um sich herum am Boden hatte er eine Menge kleiner Bücher liegen, die er eines nach dem anderen las. Einige handelten vom Heiligen Geist, andere von Gebetsgruppen. Zunächst dachte ich, dieser Passagier wird mir als scheinbar guter Protestant bald von seiner Kirche erzählen. Aber nichts desgleichen. Stunden später, als wir die unermesslich weite Region des Xingu mit Kurs auf den Amazonas überflogen, war ich es, der ihn aus Neugierde fragte, was er las. Ich war sehr überrascht, als ich entdeckte, dass dieser Mann katholisch war und der katholischen charismatischen Erneuerungsbewegung angehörte. Ich wusste überhaupt nicht, was das bedeutete! Alles, was ich im Moment wusste, war, dass mich dieser merkwürdige Passagier bezüglich Ladungsgewicht nicht betrogen hatte und er sich während des Fluges mit seinen vielen Sandwiches viel besser um mich kümmerte, als es eine Stewardess getan hätte…

Er schenkte mir sogar auf diesem Flug, der den ganzen Tag dauerte, mehrere kleine Werkzeuge, die ich noch heute benütze. Und wir begannen ein langes Gespräch, das nur von meinen Blicken auf die Bordinstrumente und die Weite des Himmels von Amazonien unterbrochen wurde. Diese intensiven Stunden bildeten den Beginn einer soliden Freundschaft zwischen uns. Bonifacio war dabei, mir die Türen zu einer Welt zu öffnen, die ich bis dahin völlig verkannt hatte. Ich ahnte noch nicht, dass ich ein viel lebendigeres und bedeutsameres Abenteuer beginnen würde als alle, die ich bis zu jenem Tag unternommen und erträumt hatte…

In der kleinen Stadt Itaituba am Ufer der graublauen Wasser des riesigen Tapajosstromes, 400 Kilometer südlich der Stadt Santarem, die sich an einem Ufer des Amazonas erstreckt, begegneten wir einander fast täglich auf dem Flughafen; Bonifacio hatte nämlich in einer der Hangars eine Reparaturwerkstatt für Sendegeräte von Flugzeugen. Tag für Tag durfte ich entdecken, dass Bonifacio mehr war als ein Freund, er war ein Bruder. In der Welt, in der wir lebten, in der sich alle Gespräche um unsere ununterbrochenen Flüge von Sonnenaufgang bis Sonnenuntergang drehten, um Geld und Gold und demzufolge um den Tod wegen der fatalen täglichen Risiken, hatte ich in ihm jemanden kennengelernt, mit dem ich über Gott sprechen konnte. Ich teilte mit ihm die Abenteuer meiner Flüge, aber auch meine Träume, und eines Tages fasste ich den Entschluss, ihm mein Herz zu öffnen und ihm meine Frustration darüber anzuvertrauen, dass ich noch nicht der Frau meines Lebens begegnet war.

Bonifacio schaute mich aufmerksam an, lächelte, nahm seine Bibel in die Hand und eröffnete mir, wie ich durch Gottes Wort hindurch erbitten sollte, was mein Herz mit so großer Inbrunst erhoffte.

Ja! Die Göttliche Vorsehung war im Begriff, mir jemanden über den Weg zu schicken, den Gott als Instrument benützen sollte, damit ich die Frau kennenlerne, die ich so verzweifelt suchte. Sehr oft sind wir blind und wollen nicht sehen, dass die Göttliche Vorsehung, Gottes Hand, uns den Weg zeigen möchte, den wir nehmen müssen. Denn Er will uns führen.

Für diejenigen, die ihr Leben in die Hände Gottes legen, geschieht nichts zufällig. So war auch Bonifacio kein Zufall auf meinem Weg.

Achte aufmerksam
auf diesen ersten Hinweis:
Die Vorsehung Gottes!

Vorsehung (providentia) bedeutet im etymologischen Sinn: «Gott sieht (alles) voraus.»

Ja, die Vorsehung Gottes sieht die Vergangenheit, die Gegenwart und die Zukunft, sie kann in unser Leben weit über das hinaus eingreifen, was wir uns vorstellen können.

«Wir verkündigen, was kein Auge gesehen und kein Ohr gehört hat, was keinem Menschen in den Sinn gekommen ist, alles, was Gott denen bereitet hat, die ihn lieben.» (1 Kor 2,9)

Genau das ist die Göttliche Vorsehung.

Jenseits unseres Verstandes sind die liebende Klugheit und Weisheit Gottes. Gott sieht alles im Voraus und kümmert sich um unsere Bedürfnisse. Es genügt, Ihm zu gehorchen, damit Er handeln kann; es genügt, uns in Seine Hände zu übergeben, damit Er seine Macht in unserem Leben erweisen kann. Es ist unerlässlich, all das im Innersten des Herzens zu glauben, denn das größte Hindernis für das Wirken der Göttlichen Vorsehung ist, nicht an sie zu glauben.

> *«Die Vorsehung ist ein Spiel der Liebe zwischen dem Vater und seinen Kindern.»*[4]

Lassen wir uns doch von der Göttlichen Vorsehung leiten, damit sie auch aus uns Instrumente im Leben unserer Brüder machen kann!

Sogar an einem Ort am Ende der Welt wie Itaituba war die Göttliche Vorsehung im Begriff zu handeln. Es gibt keinen Ort und keine Situation, in die sie nicht eingreifen könnte, denn Gott ist die Liebe!

Bis zu jenem Augenblick habe ich Gott nie konkret um meine Gefährtin gebeten. Ich dachte mir, ich könnte sie allein, von niemandem abhängig, finden. Wegen dieser Haltung und meiner Unkenntnis war ich nach wie vor allein.

Natürlich bat ich Gott um eine Frau. Aber weißt du, wie?

---

4. Br. Ephraïm.

— «Herr, schenke mir eine Gefährtin! Bitte! Ich kann nicht mehr allein sein. Da du mich geschaffen hast, weißt Du am besten, welche Art Partnerin ich brauche.»

Darauf beschränkte sich mein Gebet. Weißt du, warum? Letzten Endes wusste ich selbst nicht, was für eine Gefährtin ich wollte. Ich rannte einer äußeren Erscheinung nach, und zwar einer sehr undifferenzierten.

Ich wurde nur von der Schönheit und dem Aussehen der jungen Frauen angezogen, war absolut unfähig, diesen physischen Aspekt oder gar die charakterlichen Qualitäten meiner Traumfrau zu beschreiben. Alles war für mich so verschwommen! Mit Bestürzung entdeckte ich, dass ich während vieler Jahre eine Frau gesucht hatte, deren äußeren und charakterlichen Merkmale ich nicht imstande war, detailliert anzugeben.

Wenn mich ein Pilot bat, ihm die Anlandung bei einer Stadt oder Piste zu beschreiben, versuchte ich, ihm mit so vielen Details wie möglich zu antworten, indem ich ihm mit Genauigkeit alles beschrieb, was diese Stadt oder Piste umgab. Welch ein Unterschied zu meinem Privatleben, wo alles so ungenau, schemenhaft und verworren war!

Alles wurde auf einmal klar! Wenn ich bis jetzt auf diese Weise nichts erhalten hatte, bedeutete dies, dass etwas nicht funktionierte. Der erste Schritt bestand nun darin, mich von Gott leiten zu lassen und mir genau klar darüber zu werden, worum ich Ihn bitten wollte.

So lernte ich schließlich von Bonifacio, wie ich Gott um eine Ehefrau bitten sollte!

2. Wie sollen wir Gott bitten?

… Wie sollen wir Gott bitten, um erhört zu werden?

Gott bitten, könnte zunächst absurd erscheinen, kennt Er doch die intimsten Winkel unseres Herzens. Dennoch empfahl die heilige Theresia von Avila ihren Novizinnen mit Nachdruck, Gott mit Genauigkeit um das zu bitten, was sie wollten.

Das Drama des modernen Menschen besteht darin, dass er nicht weiß, was er will: Heute will er dies, morgen das. Folglich weiß er nicht, wie er Gott gegenüber mit Ausdauer und Genauigkeit seine innersten Herzenswünsche formulieren soll.

Wenn du aber von Glauben durchdrungen betest, in der Erwartung, dass Gott seine Antwort kundtut, wird deine Beharrlichkeit von Erfolg gekrönt werden. Ungenaue Gebete sind Ausdruck eines verworrenen Glaubens. Diejenigen, die so beten, sind sich in Wirklichkeit nicht sicher, eine Antwort zu bekommen.

Wie kannst du glauben, dass dir durch dein Gebet «all das gewährt wird», wie es in der Bibel (Mk 11,24) zugesagt wird, wenn du daran zweifelst, eine präzise Antwort auf eine präzise Bitte zu erhalten!

Bevor du Gott um etwas bittest, ist es unbedingt erforderlich, dass du die Wünsche genau kennst, die du in deinem Herzen und in deinem Kopf hegst.

Diejenigen, die auf unpräzise Art und Weise beten, geben sich damit zufrieden, im Allgemeinen irgendeine Antwort zu erhalten. «Das muss Gottes Wille sein», sagen sie. Diejenigen aber, die von Glauben durchdrungen beten, werden sich nicht eher zufrieden geben, bis ihnen die erhoffte Antwort gewährt ist. Allem Anschein nach zum Trotz hören sie nie auf zu warten. Das heißt aber nicht, dass wir Gott das «Wann» und das «Wie» Seiner Antwort vorschreiben können.

Natürlich nicht! Aber da ich nun einmal Sein Kind bin, muss ich präzise und klar in meinen Bitten sein, die ich an Ihn richte, sowie fest daran glauben, von Ihm die erhoffte Antwort zu erhalten. Das «Wann» und das «Wie» sind in seinem Belieben. An mir ist es, fest entschlossen auf die Erfüllung Seiner Verheißung zu warten, die Er mir mit den Worten machte: «Das wird dir gewährt werden.»

Es stimmt, wenn mich zu jener Zeit jemand gefragt hätte, welchen Flugzeugtyp ich gerne geschenkt bekäme, hätte ich ihn mit unzähligen Details überhäuft hinsichtlich der Art der Flügel, aber auch der Leistungsfähigkeit des Motors, der Eigenschaften des Fahrwerks, der Marke der Propeller und natürlich aller Bordinstrumente.

Ich hätte offensichtlich unwichtige Details wie die Marke der Bremsplatten und die Größe der Reifen des

Fahrwerks nicht vergessen. Was jedoch meine zukünftige Gattin anbelangte, war ich vollkommen unfähig, die von ihr erwarteten Qualitäten zu beschreiben und zu definieren! Wie wenig wusste ich über diesen Bereich!

Bonifacio fragte mich, worin denn die charakterlichen und physischen Qualitäten bestünden, die ich von meiner zukünftigen Gattin erwartete. Nach einer langen Pause antwortete ich ihm, dass ich in Wirklichkeit einfach wollte, dass sie schön sei... selbstverständlich. Aber diese Antwort verriet ihm die Verwirrung in meinem Herzen.

Und er gab mir folgenden Rat:

— Beobachte in deiner Umgebung die Frauen deiner Freunde und notiere die Qualitäten, die du für deine Gattin als unbedingt notwendig erachtest.»

Er führte genauer aus, dass ich diese Qualitäten bei den Paaren suchen sollte, die einander wirklich liebten, die weit entfernt waren von der armseligen «Farce» des Ehebruchs; auch kamen natürlich jene Beispiele von Paaren nicht in Frage, die geschieden waren, bezeugten sie doch das Scheitern.

All das war gar nicht so einfach. Ein Ehepaar, das sich wahrhaft liebte, bei dem jeder dem anderen treu war, bei dem beide gemeinsam alle im Leben auftretenden Hindernisse überwinden wollten, gehörte zur Minderheit unter meinen Pilotenfreunden. Bonifacio trug mir in der Tat etwas sehr Spezielles auf.

Als folgsamer Schüler machte ich mich sogleich daran, mit kritischem Auge die Paare, die mich umgaben, zu beobachten, aber auch die Ehefrauen meiner Freunde. Oft suchte ich Bonifacio auf, um ihn nach seiner persönlichen Meinung hinsichtlich der einen oder anderen Eigenschaft zu fragen, die ich gerade entdeckt hatte und die mir wichtig erschien.

Im Laufe der Monate gelang es mir, eine genaue «Liste» mit den charakterlichen und physischen Qualitäten, die ich bei meiner zukünftigen Gattin gerne vorfinden wollte, aufzustellen. Nach einigen Wochen wusste ich allmählich immer besser, was ich überhaupt suchte. Übrigens besuchte ich oft Bonifacio zu Hause in seinem kleinen Bretterhaus am Ufer des Tapajos, um ihn zu fragen, ob diese oder jene gute Eigenschaft auf meiner Liste wirklich wichtig bei einer Frau war: Ich wusste, dass die Ehe meines Freundes Zeugnis gab von einer soliden, dauerhaften Liebe, von Respekt und gegenseitiger Treue. Folglich hatte er das Recht, mich anzuleiten und zu beraten.

> *Beachte den zweiten Rat:*
> *Erstelle eine Liste!*

So stellte ich dann eine Liste auf mit zwanzig Punkten, die ich dann auf vierzehn reduzierte. Als Erstes bat ich Gott, dass meine Frau vom Heiligen Geist erfüllt sei: Für mich war das grundlegend. Das Fundament für ein eheliches Leben und eine glückliche Familie muss im Felsen verwurzelt sein, der Jesus Christus ist, dies gerade auch, um den Stürmen trotzen zu können, die früher oder später aufkommen werden. Deshalb wünschte ich mir, sie möge sich zum Christentum bekennen. Es war für mich unvorstellbar, dass sie mein spirituelles Streben und denselben Glauben nicht teilen könnte. Ich wollte eine christliche Familie gründen, die der Welt Zeugnis von der Liebe Gottes gibt. Wie hätte ich von einem solchen Leben träumen können, wenn wir nicht dieselben spirituellen Werte teilen würden?

In der Zeit, die der Eheschließung vorausgeht, in der man sich gegenseitig kennenlernt, kann man nicht sofort verlangen, dass der andere den genau selben Glauben teilt. In der Ehe hingegen ist das außerordentlich wichtig, kann doch dieser Unterschied in der Zukunft zur Quelle für Unstimmigkeiten und Zwietracht werden.

In meiner Liste habe ich auch die Notwendigkeit aufgeführt, dass sie Französisch spricht. Ich wollte nämlich meine Kinder in beiden Sprachen erziehen, Brasilianisch (Portugiesisch) und Französisch.

Auch bat ich den Herrn, sie möge Ärztin sein.

«Aber warum Ärztin?», wirst du mich fragen.

Dieser Beruf hat mich immer begeistert, denn ein christlicher Arzt kann Wunderbares bewirken, sowohl im Bereich des Leiblichen als auch auf spiritueller Ebene.

Ich stellte mir vor, dass wir Gott gemeinsam durch unsere berufliche Tätigkeit dienen könnten, sie als Ärztin und ich als Pilot.

Nun konnte ich sie fast leibhaft beschreiben in ihrem Aussehen, ihre einzelnen Merkmale angeben, ihre Grösse, ihre Erscheinung, sogar die Farbe ihrer Augen und sozusagen alle ihre charakterlichen Eigenschaften. Ich hatte in meiner «Liste» auch einen anderen sehr wichtigen Punkt erwähnt. Ich wünschte mir, dass mich meine zukünftigen Schwiegereltern wie einen Sohn liebten. Dieser Punkt ergab sich aus meinen Beobachtungen: Ich hatte bemerkt, dass sich viel zu viele meiner Freunde über ihre Schwiegereltern beschwerten, insbesondere über ihre Schwiegermutter.

Nach mehreren Monaten war meine Liste schließlich fertig!

«So!», dachte ich, «mit diesem Schlüssel kann ich nun das Herz Gottes öffnen und endlich von Ihm meine Gattin empfangen!»

Mit der Liste in der Hand suchte ich meinen Freund Bonifacio auf.

— «Und nun, was muss ich tun?», fragte ich ihn.

— «Bist du dir absolut sicher darüber, worum du den Herrn bitten möchtest?», antwortete er mir. «Bist du überzeugt, dass der Herr auf dein Gebet antworten wird? Entsprechen alle Punkte auf der Liste den Bedürfnissen deines Herzens?», fragte er beharrlich weiter.

Ich antwortete ihm, dass ich all das wollte und überzeugt davon war, dass der Herr auf mein Gebet antworten wird.

Meine Allerliebste nahm nun Form in meinem Herzen an mit klar definierten Konturen und detaillierten charakterlichen Eigenschaften. Ich wusste nun, wen ich zu suchen begann.

Bonifacio zeigte mir dann im Wort Gottes, wie ich bitten sollte.

«Das Gebet», sagte er mir, *«ist für viele gläubige Christen eine traurige Routine, für andere wiederum eine Praxis ohne Wirkung, ohne Kraft, voller Zweifel.»*

Fragen wie diese: «Aber wird Gott mich erhören? Kann Er meinen Problemen, die für IHN zweifellos unbedeutend sind, Beachtung schenken?» werden dir sicher durch den Kopf gehen, aber du darfst es nicht erlauben, dass sie in dein Herz eindringen. Sie können es nämlich beunruhigen, während du auf eine Antwort des Herrn wartest.

Alle diese Zweifel hindern dich daran, mit Glauben und Vertrauen zu beten. Ihnen zum Trotz hast du jedoch eine göttliche Antwort, klar und deutlich. Auf dieses Wort muss sich deine Liste von nun an stützen.

Gott sagt uns und sagt dir:

> *«Wenn ihr in meinem Namen um etwas bittet, werde ich es tun.»* (Joh 14,14)

Wenn ihr mich um etwas bittet. Welch außergewöhnliche Verheißung: «Wenn ihr mich um etwas bittet.» Der Herr hat nicht gesagt: «Wenn ihr mich um etwas bittet, werde ich versuchen, es zu tun; ich werde es vielleicht tun können; möglicherweise tue ich es.» Nein, er hat klar gesagt:

«Ich werde es tun.»

«Das Wort Gottes ist untrüglich, es war es immer und wird es immer sein.
Vertrau ihm also ab heute deine Liste an!»

Wenn ihr um etwas bittet...

Ah! Mit welcher Kraft berührten an jenem Tag diese Worte mein Herz!

Hast du dir schon einmal die Zeit genommen, über die Kraft dieser Verheißung zu meditieren? Wie stehst du zu diesen Worten Jesu? Glaubst du daran, dass sie dich heute und jetzt konkret betreffen? Oder nimmst du sie kopfschüttelnd und voller Zweifel und Vorbehalte an?

In einer Welt, in der uns eingehämmert wird, dass alles einen Preis hat, dass man alles kaufen und verkaufen kann, in einer Welt, in der es nichts kostenlos gibt, kommen wir so weit, dass wir an der Großherzigkeit Gottes zweifeln. Es steht jedoch klar im Wort Gottes geschrieben: «Wenn ihr mich um etwas bittet...» Dieser Satz bringt uns in äußerste Verlegenheit, denn wir können nicht geben. Diese Zusage ist zu großzügig. Aber diese Verheißung hat Jesus uns nun einmal gegeben. Er verlangt von uns nur eine einzige Antwort darauf: Wir sollen Glauben und Vertrauen in Ihn haben. Er will, dass wir ein Volk des Glaubens sind!

Sei dir dieses Versprechens sicher und erlaube es den Hindernissen durch Unglauben und Skepsis nicht, von deinem Herzen Besitz zu ergreifen. Und wenn du dich fragst: «Wie muss ich beten, um eine Antwort zu erhalten?», bist du bereits auf dem richtigen Weg, der dich die Verheißungen des Herrn erfahren lässt.

Im Laufe der Jahre habe ich gelernt, dass es sich mit der Antwort Gottes wie mit dem Dach eines Hauses verhält. Bevor das Dach aufgesetzt wird, musst du das Fundament ausheben und die Mauern bauen.

«Ich will euch zeigen, wem ein Mensch gleicht, der zu mir kommt und meine Worte hört und danach handelt. Er ist wie ein Mann, der ein Haus baute und dabei die Erde tief aushob und das Fundament auf einen Felsen stellte.» (Lk 6,47-48)

Tief ausheben heißt, Glauben in Jesus haben. Stürme, Enttäuschungen oder verzweifelte Situationen werden im Leben kommen, aber nichts wird Risse in die Mauern, in die Konstruktion deines Lebens verursachen können, wenn deren Fundament in Jesus gegründet ist. In allen Situationen wird Er dich zum Sieg und zum Frieden führen. Du wirst die Erfahrung machen, dass der Gott, an den du dich wendest, ein treuer Gott ist.

«Wer aber hört und nicht danach handelt, ist wie ein Mann, der sein Haus ohne Fundament auf die Erde baute. Die Flutwelle prallte dagegen, das Haus stürzte sofort in sich zusammen und wurde völlig zerstört!» (Lk 6,49)

Viele Menschen meinen, Glauben zu haben, aber im Allgemeinen erweisen sie sich in Momenten der Prüfung und bei Schwierigkeiten als sehr schwach. Sie haben das Fundament ihres Lebens nicht tief genug im Felsen ausgehoben. Wenn sich in ihrem Leben Stürme erheben, wissen sie nicht mehr, wie und an wen sie glauben und wie sie beten sollen.

Sie wissen nicht, dass sie alles von Jesus erbitten und alles von Ihm erhalten können.

Das ist das Geheimnis: An erster Stelle musst du wissen, dass du alles von Jesus erbitten kannst.

Alles... alles... alles... Sogar einen Partner oder eine Partnerin. Um alles bitten, aber bitten im Namen Jesu.

«Wenn ihr mich um etwas in meinem Namen bittet, werde ich es tun.» (Joh 14,14)

«Alles, um was ihr in meinem Namen bittet, werde ich tun...» (Joh 14,13)

Ja, Jesus lädt uns ein, um alles zu bitten; aber *in Seinem Namen* sollen wir bitten. Er geht noch weiter, denn Er sagt uns, wir sollen auch alles in Seinem Namen empfangen.

«Amen, amen ich sage euch: Was ihr vom Vater erbitten werdet, das wird er euch in meinem Namen geben.» (Joh 16,23)

Im Namen Jesu bitten heißt, dich im Gebet auf innigste Weise mit der Person Jesu Christi verbinden. Wie wenn Jesus selbst dein Gebet an den Vater richten würde. Jesus sagt ja: ***«Bitte in meinem Namen.»*** Er möchte es, dass wir so beten. Jesus in das Innerste deines Herzens einlassen heißt, mit Seiner Liebe, mit Seinem Verlangen und mit Seinem Glauben beten. Erscheint dir das etwa unmöglich?

Vergiss nicht, dass Gott uns den Heiligen Geist gegeben hat, damit Seine Liebe in uns überfließt, damit wir Seine Wünsche kennen und durch Seinen Glauben inspiriert werden!

Im Namen Jesu beten heißt, Ihn an deinem Gebet teilhaben lassen. Damit Er mit dir betet. Damit Er das Problem mit dir angeht. Wenn du betest, lebst du in Jesus, und Jesus lebt in dir. Dein Gebet ist ein gemeinsames Wirken mit Ihm. Wenn du im Namen Jesu betest, wird dein Gebet die gleiche Wirkkraft haben, wie wenn es durch Ihn verrichtet würde. Es ist unmöglich, dass der Vater auch nur das kleinste Gebet, das von Seinem Sohn kommt, ignoriert. Folglich kann Er das Gebet Seiner Kinder, die im Namen Jesu beten, wegen Seines Bundes mit uns nicht ignorieren.

Unser Vater im Himmel, der über alle Reichtümer des Himmels und der Erde verfügt, will nicht, dass wir von Zweifel, Unsicherheit und Verzweiflung überwältigt werden. Er will, dass wir mit Jesu Vertrauen beten, in der Gewissheit darüber, dass wir Seine Kinder sind.

Du hast das unendlich große Privileg erhalten, *im Namen Jesu* und gemeinsam mit Ihm zu beten. *Nütze diese unendlich große Gnade, um Gott um deine Gattin/deinen Gatten zu bitten und um alles, was dir fehlt!*

Wenn Jesus im Gebet bei dir ist, kannst du gar nicht von Zweifeln bedrängt werden, etwa dass dein Gebet nicht erhört würde. Denn du richtest dich mit Jesus gemeinsam an den himmlischen Vater, damit sich Seine Verheißung erfülle:

«Alles, um was ihr in meinem Namen bittet, werde ich tun.»

Der Vater wird dich erhören, genau wie er Jesus erhört, denn indem du *in seinem Namen* betest, tust du es mit Ihm. Was für herrliche Möglichkeiten eröffnen sich dir, wenn du im Namen Jesu betest, in dem Bewusstsein, dass Er mit dir betet!

Deshalb schrieb ich sorgfältig meine **«Liste»** auf ein kleines Stück kartoniertes Papier, und Bonifacio betete mit mir. *Im Namen Jesu* baten wir den Vater um eine Gattin und dankten Ihm bereits für Seine Antwort. Danach legte ich die Liste in meine Piloten-Umhängetasche, als sei sie die wichtigste Sache der Welt. Denn sie nahm bereits meine Ehefrau vorweg, und ich wusste, dass ein Teil von ihr schon zu mir gehörte. Ich war überzeugt davon, dass jeder Tag unsere Begegnung näher brachte und sie sich vom Herzen des himmlischen Vaters aus auf den Weg zu mir machte. Meine Verantwortung bestand nun darin, diese Bitte immerwährend *im Glauben und mit Lobpreis und Beharrlichkeit* vor Ihn hinzubringen.

Gott antwortet im Allgemeinen auf dreierlei Weise auf unsere Gebete. Er kann uns sagen: «Ja, ich werde dir jetzt geben, worum du bittest», oder: «Ja, ich werde auf deine Bitte antworten, aber später», oder auch: «Ich werde dir auf meine Art und Weise antworten.»

In den ersten beiden Fällen können die Antworten wie mit einer Rakete oder aber wie auf dem Rücken einer Schildkröte zu uns gelangen. Wie mit einer Rakete, das will heißen, dass die Antwort augenblicklich eintreffen kann, so schnell wie ein Pfeil. Und wie lieb ist uns diese Art von Antwort! Wenn es nur von uns abhinge, würden wir gerne nur diese Art Antwort erhalten! Die Antwort kann uns aber viel langsamer erreichen, eben mit der ganz kleinen Geschwindigkeit einer Schildkröte. Sie zieht langsam des Weges, aber sie kriecht Tag und Nacht, und schließlich erreicht sie das Ziel! Sie kommt immer im richtigen Moment an; das sind dann die Zeiten Gottes. Wenn die Antwort auf diese Weise zu uns gelangt, müssen wir den Herrn weiterhin unentwegt für sie loben und preisen. Sie trifft zwar langsam ein, erreicht aber zweifellos immer ihr Ziel. Wir müssen nur weiter glauben und den Herrn aller Zeiten loben und preisen. «Ich werde es tun». «Ich werde es tun», hat Jesus gesagt. Zu oft stoppt unser Mangel an Ausdauer und Beharrlichkeit die Schildkröte auf dem Weg! Sie hört dann auf, sich dir zu nähern! Sie bleibt stehen, und die Antwort bleibt zwischen Himmel und Erde hängen... Hat sie uns noch nicht erreicht, wenden wir uns oft oberflächlich und verantwortungslos an den Herrn, um Ihn zu fragen: «Warum, Herr, warum...?»

Während du auf Antwort wartest, können oft Zweifel aller Art dich bedrängen. Und es kann sein, dass du in bestimmten Augenblicken sogar an sie glaubst. Dann zieht sich die Schildkröte unter ihren Panzer zurück, rührt sich nicht mehr vom Fleck, bis du wieder anfängst, an die Verheißung des Herrn zu glauben. Sehr oft verschlechtern sich auch die Situationen in unserem Leben, bevor sie besser werden und es aufwärts geht. In Wirklichkeit ist das eine Prüfung unseres Glaubens!

Willst du an Gottes Wort glauben oder dich auf deine eigene Erfahrung stützen? Vergiss nicht, dass dein Glaube oft in Konflikt mit deinen persönlichen Erfahrungen geraten wird.

Wenn die Menschen müde sind zu hoffen und nicht mehr an die Antwort glauben, die sie von Gott erwarten, ist dies oft ein Zeichen, dass sie von Anfang an nicht wirklich daran geglaubt haben, worum sie baten. Gott will diese Phase des Wartens dazu nützen, unser totales Vertrauen in Seine Treue zu prüfen. Denn im Wort Gottes steht geschrieben:

«Werft eure Zuversicht nicht weg, die einen großen Lohn mit sich bringt. Was ihr braucht ist Ausdauer, damit ihr den Willen Gottes erfüllen könnt und so das verheißene Gut erlangt.» (Heb 10,35-36)

Gott will nicht nur, dass du mit Überzeugung daran glaubst, dass dein Gebet erhört wird. Er will, dass du geduldig und vertrauensvoll bleibst und dich vollkommen Ihm überlässt bis zur Ankunft und Erfüllung der Verheißung… *«lasst uns mit aufrichtigem Herzen und in voller Gewissheit des Glaubens hintreten… Lasst uns an dem unwandelbaren Bekenntnis der Hoffnung festhalten, denn er, der die Verheißung gegeben hat, ist treu.»*... (Heb 10,22-23)

Beachte den dritten Rat: **Sei beharrlich!**

Zu diesem Zeitpunkt meines Lebens flog ich in Pará für die Goldminen in der Umgebung der kleinen Stadt Itaituba, die verstreut und ziemlich desorganisiert am Ufer des Tapajos liegt. Ich flog acht bis neun Stunden pro Tag. Und das Erste, was ich damals nach dem Start und der Stabilisierung meines Flugzeugs über den Wolken tat, war: meine kleine Liste aus meiner Umhängetasche herausnehmen und den himmlischen Vater an meine 14 Punkte erinnern. Sehr oft zog ich sie während des Tages aus meiner Tasche hervor, um sie zu lesen, stets Gott dafür dankend, dass Er mir diese allerliebste Gefährtin schon gegeben hat. Wie oft versuchte mein Kopilot dahinterzukommen, was ich denn da während des Fluges Punkt für Punkt vortrug, wenn ich mich über den Wolken und den Horizont hinweg jener zuwandte, die sich im Herzen des himmlischen Vaters befand! In seinen Augen erschien ich sicherlich ziemlich seltsam, aber das Verlangen, das ich in meinem Herzen trug, war viel zu stark, als dass es durch einfachen menschlichen Respekt hätte gehindert werden können!

Wie oft schauten meine Passagiere überrascht auf die Liste, die ich in der Hand hielt und die ich laut auf Französisch durchbetete, damit niemand verstand, stets Gott dankend für die liebe Gefährtin, die Er mir schon schickte und die mir Schritt für Schritt jeden Tag näher entgegen kam. Was war letztendlich das Wichtigste für mich? Das ironische Lächeln meiner Kopiloten und Passagiere oder diese Gefährtin, für die mein Herz voller Verlangen brannte?

«Freu dich innig am Herrn. Dann gibt er dir, was dein Herz begehrt.» (Ps 37,4)

Diese kleine Liste hielt der Zeit nicht stand, denn ich hatte die Gewohnheit, sie jeden Tag aus meiner Tasche zu ziehen, um sie zu lesen und den Vater für Seine Antwort zu loben. So sehr, dass ich sie oft neu schreiben musste, ohne jedoch die verschiedenen Punkte, die in meinem Herzen verankert waren, zu ändern. Sechs Monate verstrichen. Und während dieser Zeit habe ich nie meinen täglichen und regelmäßigen Lobpreis vergessen, habe Gott gelobt und gedankt für diese Frau, die mir entgegenkam.

«Befiehl dem Herrn deinen Weg und vertrau ihm; er wird es fügen.» (Ps 37,5)

Empfiehl dich Ihm, ohne je ins Wanken zu geraten, denn genau das verlangt der himmlische Vater. Deine Prüfung wird die Bedrängnis durch Zweifel sein. Aber in deiner Verantwortung liegt es, nicht aufgeben und die Hindernisse des Zweifels, der Entmutigung, des Pessimismus und des Mangels an Glauben zu verscheuchen. **Behalte das Ziel vor Augen und vertrau auf die Verheißungen des Vaters… Und Er wird handeln. Seine Verheißungen** *sind unfehlbar. Er wird auf die Art und Weise handeln, wie Er will, und wann Er will. Und Seine Antwort wird wie alle Antworten des Herrn sein: unvorhersehbar und überraschend.*

Erstelle eine Liste, auf der du alle Eigenschaften angibst, die du von deiner zukünftigen Gattin/deinem zukünftigen Gatten erwartest.

Lasse dir Zeit. Beobachte die Ehepaare um dich herum, die in Frieden miteinander leben, und entdecke ihre wichtigen Vorzüge. Nimm sie in deine Liste auf, die 2, 10, 15 oder viel mehr Punkte umfassen kann. Bewahre sie dort auf, wo du sie jeden Tag hervornehmen kannst, um sie laut zu lesen und den Herrn zu loben für die Antwort, die Er dir geben wird. Bitte auch den Heiligen Geist, dass er dich beim Erstellen dieser Liste erleuchte. Lege sie dem himmlischen Vater vor und bitte Ihn im Namen Seiner Verheißungen und **im Namen Jesu:**

> *«Vater, Du mein geliebter Vater,*
> *der Du niemals Deine Kinder verlässt,*
> *ich danke Dir heute für die Liebe, die Du mir entgegenbringst, eine Liebe, die mein Verstehen weit übersteigt, eine Liebe, die sich um die größten und die kleinsten Dinge meines Lebens kümmern möchte.*
>
> *Ich danke Dir für alle Verheißungen von Wohlergehen, Fülle und Sieg, die mir in Deinem Wort gegeben sind. Durch sie ermutigt, gebe ich Dir heute meine Liste mit der Bitte, dass Dein Wille geschehe.*

Himmlischer Vater, im Namen Jesu schenke mir, wenn es Dir gefällt, dass ich eine christliche Familie gründe, die von Deiner Gnade erfüllt ist und anderen Zeugnis von Deiner Macht und Herrlichkeit geben darf wie die Familie von Nazareth, schenke mir den Gefährten/die Gefährtin, den/die ich brauche. Ich überlasse es ganz Dir, ihn/sie für mich auszuwählen, denn Du irrst Dich nie.

Wo er/sie auch sei, ich bitte Dich jetzt, ihn/sie zu segnen und mit dem Heiligen Geist zu erfüllen und sein/ihr Herz auf unsere Begegnung vorzubereiten. Jesus, danke, dass Du mir in diesem Moment so nahe bist, indem Du mein Gebet zu Deinem Gebet machst. Jesus, Du bist mein Heiland und einziger Retter, und ich weiß, dass sich deshalb Dein Heilsplan auf alle Bereiche meines Lebens erstreckt, und darum bitte ich Dich um einen Gatten/eine Gattin.

Ich danke Dir, o Herr, Gott, mein Vater, für Deine Antwort.

Jesus, der ich Dich als Ersten liebe, ich danke Dir, dass Du meinem Herzen Gewissheit über Deine Antwort schenkst. Amen!»

3. Das gesegnete Adressbuch

Bei meinen ununterbrochenen Flügen hatte ich wieder einmal Probleme mit dem Motor und musste mein Flugzeug in den Süden bringen, um ihn auszuwechseln. Heute kann ich nicht anders, als den Herrn loben und preisen für alle diese Motorpannen meines Flugzeuges. Das war vielleicht das einzige Mittel, das Gott, der Herr, fand, um mich dazu zu bringen, meine Flüge über jenem Dschungel vorübergehend zu unterbrechen, damit Er handeln und aus meiner Liste Wirklichkeit machen konnte.

Bevor ich Itaituba verließ, traf ich meinen Freund Bonifacio, der zu mir sagte:

— «Denis, wenn du in Goiânia sein wirst, besuche doch meine Frau; sie erwartet dich!»

In Goiânia hatte ich ein paar freie Tage, während deren ich auf den Einbau meines Motors warten musste. So suchte ich Judite auf, die Ehefrau von Bonifacio. Ich hatte das Privileg, in ihr eine außergewöhnliche Frau kennenzulernen, eine Frau, die ganz von Gott erfüllt war, eine Frau des Glaubens und des täglichen Gebetes. Sie pflegte zu sagen: «Ohne Bibel kein Bett.» Damit meinte sie, dass sie niemals zu Bett ging, ohne gebetet zu haben.

Der Herr Jesus Christus war die Mitte ihres Lebens, und alles drehte sich um Ihn. Alles wurde auf Ihn hin überlegt, entschieden und in die Tat umgesetzt, Er bildete die Sonne und das Wasser ihres Lebens, ohne Ihn war das Leben für sie unvorstellbar. Nach einigen Tagen fragte mich Judite mit neugierigem Gesichtsausdruck, warum ich nicht verheiratet sei:

— «Judite», antwortete ich äußerst überrascht, «ich suche eine Frau, die vom Heiligen Geist erfüllt ist!»

Sie antwortete nichts und bewahrte ihre Antwort diskret in ihrem Herzen.

Wie sehr gefiel mir Goiânia! Mit Wehmut reiste ich von dieser Stadt wieder ab, um nach Amazonien zurückzukehren und meine ununterbrochenen Flüge wieder aufzunehmen.

Ich flog nach Itaituba zurück, um mich von neuem in diesen Überlebenskampf zu stürzen, in dem der Tod unser ständiger Begleiter war, täglich die Piloten herausforderte oder gar heimsuchte. Keine Woche verging, ohne dass einer von uns im Urwald starb oder verschwand. Der kleinste Steuerungsfehler hatte sowohl für das Flugzeug als auch für den Piloten fatale Folgen in diesem höllischen Kreislauf. Die pausenlosen Flüge erlaubten es den Mechanikern nicht, sorgfältige Wartungen vorzunehmen und außerdem überschritten die viel zu schweren Ladungen die Richtlinien der Hersteller bei weitem. Die Piste von Crépuri kann sicherlich als die am lebensgefährlichsten bezeichnet werden. Sie war so kurz, glatt und flach, dass es nach dem Regen völlig unmöglich war, das Flugzeug zu stoppen. Zahlreiche Piloten waren bereits in das schlammige und tosende Wasser des Flusses Crépuri abgestürzt, der die Piste in einer Schleife umgab. Die Angst war riesengroß, am Ende der Piste nicht anhalten zu können, denn sie war auch noch von riesigen bedrohlichen Baumstämmen begrenzt. Mehrere Piloten waren gegen sie aufgeprallt und verbrannten tödlich. Oft geschah es, dass sie vor der Landung, um keinen Meter der Piste zu verlieren, mit ihrem Fahrwerk gegen die steile Böschung am Ufer stießen, oben, wo sie anfing, und nachdem das Flugzeug plötzlich so in seinem Kurs angehalten und durch den heftigen Aufprall in Brüche ging, stürzte es mit dem Heck als erstes in die enormen Strudel der tödlichen Wasser des Crépuri. Die Goldgräber, die sich in der nahen behelfsmäßigen Kantine trafen, waren es übrigens gewöhnt, an das Ende der Piste zu rennen, um die Rettung des Piloten zu versuchen, der als Gefangener seines Flugzeuges langsam im gelblichen Wasser des Flusses verschwand.

In diesem dramatischen und tödlichen Szenario ruhte Gottes Hand über mir, um mich zu schützen!

Ja, heute kann ich bezeugen, dass sich Gottes Hand zweifellos unzählige Male auf mein Flugzeug gelegt hat, damit ich nicht in Amazonien sterbe! An ein Erlebnis erinnere ich mich, als sei es eben erst gewesen.

Ich hatte das Flugzeug auf einer Piste des «garimpo»[5] aufgesetzt und Brennstoffkanister abgeladen, und danach, um wieder starten zu können, meinen Kopiloten gerufen, der gerade Schildkröteneier gemischt mit Maniok-Mehl ass. In diesem Dschungel Amazoniens waren die Pisten der «garimpos» extrem kurz, gleich winzigen Lichtungen, und wirkten in dem unendlich großen Dschungel wie Intarsienarbeiten. Unmittelbar nachdem ich gestartet und die Piste verlassen hatte, wobei ich ein wenig an Höhe gewann, begann mein auf Höchsttouren laufender Motor zu versagen. Mir war sofort bewusst, dass das Messgerät für die Treibstoffzufuhr zum Motor nicht mehr funktionierte. So begann mein Flugzeug, die Höhe wieder zu verlieren, die es soeben erreicht hatte. Und angesichts der riesigen Bäume, die immer schneller näher kamen, hatte ich gerade noch Zeit, meinem Kopiloten zuzuschreien, dass wir zerschellen und im Dschungel verschwinden würden. Er legte sich sofort auf den Boden der Kabine und versuchte in einer verzweifelten Überlebenshaltung, den Kopf mit seinen Händen zu schützen.

«Es ist nichts mehr zu machen, jetzt sind wir an der Reihe! Mach's gut!», schrie ich ihm zu, während ich in meinem Körper nur mehr meinen rasenden Herzschlag spürte.

In dem Augenblick, in dem wir die Wipfel der Bäume berühren sollten und ich mit meinem Fahrwerk bereits Äste abriss, erhöhte sich auf unerklärliche Weise die

---

5. Gold-, Diamantmine oder eine Mine von Edelsteinen.

Drehzahl des Motors, so als ob uns jemand anstoßen würde, und ich gewann wieder etwas an Höhe, gerade genug, um eine Minute länger fliegen zu können und eine andere Landebahn ganz nahe jener, die wir eben verlassen hatten, zu erreichen.

Die barmherzige Hand Gottes hatte sich auf uns gelegt!

Zwischen meinen Flügen traf ich weiterhin meinen Freund Bonifacio. Gemeinsam lobten wir Gott, der mir das Leben gerettet hatte. Von den 200 Piloten, die damals für die Minen des Pará flogen, überlebten nur 20, und ich war einer dieser Gruppe!

Bonifacio wies mich oft in unseren Gesprächen auf die Notwendigkeit einer starken persönlichen Erfahrung der Liebe Gottes durch die Ausgießung des Heiligen Geistes hin.

«Wenn du diese Ausgießung des Heiligen Geistes erfahren hast, wird Gottes Liebe in einer Weise dein Herz erfassen, dass du nicht mehr der Gleiche sein wirst. Du musst diese Erfahrung machen! Denis, das ist das größte Abenteuer, das du erleben kannst!», sagte mir Bonifacio.

So wünschte ich mir inständig diese Ausgießung des Heiligen Geistes, und Bonifacio riet mir, mich während eines Jahres auf diesen wichtigen Lebensabschnitt vorzubereiten. Einen Monat nach meiner Rückkehr von Goiânia, wo ich mein Flugzeug wieder ganz vorgefunden hatte, hatte ich den ersten und einzigen Unfall meines Lebens. Ich transportierte eine Ladung Reissäcke, die für eine Piste im Dschungel bestimmt war. Als ich am Boden aufsetzte, zerbrach eine Blockierungsschraube an meinem Bugfahrwerk, und das Vorderrad hob sich in sein Gehäuse zurück. So senkte sich die Nase des Flugzeugs auf die trockene Erde, und ich machte eine «Bauchlandung». Im Augenblick des heftigen Aufschlags schrie ich: «Jesus!»

Alle schlecht befestigten Reissäcke verschoben sich nach vorne und bedeckten mich vollständig. Trotzdem gelang es mir, zwischen zwei Säcken hervorzuschlüpfen und den Kopf zuerst aus der Kabine zu strecken, denn ich hatte Angst, mein Flugzeug würde in Brand geraten. Die Goldgräber liefen bereits herbei, um dem Tod des Piloten beizuwohnen, den man «den Franzosen» nannte. Aber zwischen den «Hallelujas», die ich ausrief, weil ich heil gelandet war, bat ich sie noch wegen der zu befürchtenden Explosion, sich zu entfernen. Die Staubwolke trieb weg und mein Flugzeug geriet nicht in Brand. Schon drei Tage später startete ich wieder nach Goiânia dank der Wunder, die die Mechaniker des Dschungels vollbrachten, indem sie Tag und Nacht arbeiteten. — Der Tanz um das Gold durfte nämlich keinen Moment lang anhalten. — Sie hatten meinen Propeller ausgewechselt und mein Flugzeug schlecht und recht zusammengeflickt. In Goiânia sollten nun mein Motor geöffnet und die beschädigten Teile untersucht werden.

Ich besuchte erneut Judite. Als ich in ihrem Wohnzimmer sass, sah ich einen der Koordinatoren der charismatischen Erneuerungsbewegung von Goiânia hereinkommen. Ich hatte bereits viel von ihm gehört. Wir unterhielten uns lange miteinander und am Ende des Gespräches sagte er zu mir:

«Ich werde jetzt für dich um die Ausgießung des Heiligen Geistes beten.»

Ich wünschte sie inständig herbei. Ich wusste auch, dass dieser Vorschlag von einem Mann, der sich ganz für das Reich Gottes einsetzte und von einem göttlichen Impuls angetrieben worden war, eine große Gnade für mich bedeutete. So nahm ich ihn freudig an. Und alles ging einfach vor sich — so wie alle Dinge, die von Gott kommen. Es war offensichtlich nur ein ganz schlichtes Gebet, aber es veränderte mein Herz wirklich zutiefst. Während mehrerer Tage erfüllte mich eine so große Freude, wie ich sie bisher nicht erfahren hatte. Und mit der Zeit wurde mir bewusst, dass Gott mir viel mehr geschenkt hatte als eine normale Freude. Er berührte das Tiefste meines Seins, indem Er mir Seine Liebe offenbarte, wie ich sie mir nie zuvor vorgestellt hatte. Nachdem über mir gebetet worden war, hob ich den Kopf und sagte:

«Aber Bonifacio meinte, ich bräuchte ein Jahr der Vorbereitung.»

Der Mann antwortete mir: «Ich habe in meinem Herzen einfach gespürt, dass der Moment dafür gekommen war.»

… Zurück in Itaituba verließ ich mein Flugzeug in großer Eile, rannte zu den Hangars und suchte sofort Bonifacio, um ihm detailliert das größte Abenteuer meines

Lebens zu schildern: das Abenteuer in Gott. Nachdem er sich alle Details angehört hatte, meinte er:

«Gott hat es eilig… Jesus will keine Zeit verlieren. Er braucht dich!»

In jenem Moment schenkte Gott mir etwas, was ich bislang nicht besass: Mut, den Mut des Katholiken. Ich war selbstverständlich ein Mann und ein wagemutiger Pilot. Aber als Katholik war ich beschämend unfähig, meinen Glauben inmitten anderer und in der Welt zu bezeugen. Ich «hinkte» in der Tat, ich war ein Behinderter. In jenem Augenblick erhielt ich ein Samenkorn anvertraut, das mit der Zeit in mir keimen würde.

«Was kann mir nach all dem nun noch geschenkt werden?», fragte ich mich. Ich habe schon so viele Gnaden erhalten. Tatsächlich hatte ich mir nicht im Entferntesten vorgestellt, dass Gott eine große Überraschung für mich vorbereitete!

Wieder in den Flugzeughallen von Goiânia wegen meines Flugzeugs hatte ich einige Ruhetage. Und so besuchte ich Judite.

Ich erinnere mich sehr gut daran, wie ich auf dem Sofa sass, als sie lächelnd, mit einem Adressbuch in der Hand auf mich zukam und mir sagte:

«Denis, ich habe für dich gefunden, wonach du so sehr suchst: eine Frau. Sie steht in diesem Adressbuch! In meinem Herzen spüre ich, dass sie die Gefährtin ist, die Gott für dich bestimmt hat.»

Stell dir meine Überraschung vor! Diese Judite besass einen wirklich außergewöhnlichen Mut! Jahre später erst verstand ich, dass dieser Mut die Frucht des Heiligen Geistes ist. Ich brach in Lachen aus und fiel fast vom Sofa. Äußerst neugierig geworden, interessierte ich mich für das, was sie mir zu sagen hatte. Ich fragte sie, wo sich diese Frau befinde, wie sie heiße, wo sie wohne, was sie tue und vor allem, wieso sie, Judite, sich ihrer Behauptung so sicher sei.

«Sie heißt Suzel», antwortete mir Judite, «und sie wohnt in einer Stadt des Staates São Paulo, in Campinas, wo sie als Ärztin tätig ist.»

Judite wusste nicht, dass ich eine «Liste» mit der Beschreibung meiner zukünftigen Gattin aufgestellt hatte. Stell dir mein Erstaunen vor! Ich kannte zig Länder, sozusagen ganz Brasilien, und ich wusste nicht, dass es eine Stadt mit mehr als einer Million Einwohnern gab, die Campinas hieß; dort wohnte meine zukünftige Frau! Welch eine Frustration! ... Ich bat Judite um eine Landkarte von Brasilien, um sofort die Stadt Campinas zu lokalisieren, den Ort festzuhalten, wo sich jene befand, die ich schon so lange suchte. Judite sagte mir auch, sie habe ihre Telefonnummer nicht mehr. Deshalb gab sie mir die Nummer eines Freundes in Campinas, der sie kannte und durch den ich die ihrige erhalten konnte. All das machte mich äußerst neugierig und zugleich ratlos. Meine Frau war da, fast vor mir, in einem Adressbuch! Ich suchte sie ganz konkret, sozusagen leibhaftig, und Judite versicherte mir, dass sie da war, in diesem Adressbuch! Wie unvorhersehbar sind doch die Antworten des Herrn!

Judite erzählte mir, dass Suzel vor mehreren Jahren ihre Tochter gepflegt habe. Seither habe sie sie nie mehr vergessen. Auch sie fragte sie damals, weshalb sie noch nicht verheiratet sei.

Suzel habe ihr eine so seltsame Antwort gegeben, dass sie sie all die Jahre in ihrem Herzen bewahrte. Als ich selbst ihr einige Monate zuvor sagte, dass ich eine vom Heiligen Geist erfüllte Frau suche, fügten sich diese beiden Antworten zusammen. Im ersten Moment hatte Judite geschwiegen, aber nachdem sie gebetet hatte, kam sie zu der Gewissheit, dass wir einander begegnen sollten, denn sie spürte in ihrem Herzen sehr deutlich, dass diese junge Frau für mich geschaffen war. Daher teilte sie mir diese Neuigkeit mit.

Sprachlos geworden durch all das, was mir geschah, notierte ich fieberhaft die Telefonnummer der Person, die mir jene von Frau Doktor Suzel geben konnte, und verließ nach einem gemeinsamen Gebet Judite.

Ich kehrte zurück in das Gebiet des Pará, um meine Flüge wieder aufzunehmen, aber unter keinen Umständen unterließ ich es, aus meiner Tasche meine kleine Liste hervorzunehmen, um den Herrn für die Treue in Seinen Verheißungen zu loben.

Monate später verkaufte ich in Itaituba mein Auto und alles, was mir gehörte, denn ich verließ definitiv Amazonien, um mich nach São Paulo zu begeben. Zu jener Zeit hatte ich die Absicht, Brasilien zu verlassen, um mich in Kanada niederzulassen. Auf beruflichem Gebiet hatte ich alles gemacht, wovon ein Pilot träumen konnte. So dachte ich, in diesem neuen Land würde ich sowohl als

Flugzeug- wie auch als Hubschrauberpilot andere Möglichkeiten finden.

Das Erste, was ich bei der Ankunft in meiner Wohnung in São Paulo tat, war, den Freund der Doktorin anzurufen, um ihn nach ihrer Telefonnummer zu fragen. Ich kam ihr nun immer näher... Gott weiterhin lobend und preisend.

Nun hatte ich auch ihre Telefonnummer!

Endlich besass ich etwas, was ihr gehörte. Ich gehörte zu ihrem Privatleben. Aber das tröstete mich kaum, denn ich wusste nicht, was tun, um ihr wirklich näher zu kommen. Es war mir unmöglich, das Telefon zu nehmen und ihr zu sagen:

«Frau Doktor, ich habe eine Freundin in Goiânia, die mir gesagt hat, dass Sie die Frau meines Lebens sind!»

Das war alles so absurd. Sie würde denken, ich sei völlig verrückt! Wie sollte ich es also anstellen, um dieser jungen Frau näher zu kommen? In den folgenden Tagen ließ mir die Suche nach dieser Antwort keine Ruhe.

Damals wollte ich Gebetsgruppen kennenlernen, denn ich kannte nur die von Itaituba und Goiânia. Da kam mir die Idee, sie anzurufen, mich als Freund von Judite vorzustellen und ihr vorzuschlagen, dass ich nach Campinas komme, um eine der dortigen großen Gebetsgruppen kennenzulernen. Und indem ich meinen ganzen Mut zusammennahm, den ich für meine riskantesten und gefährlichsten Flüge je gebraucht hatte, rief ich sie eines Abends an.

Es war für mich eine angenehme Überraschung, eine äußerst sanfte Stimme zu hören. Ich stellte mich vor, und sie nahm meine Bitte sehr entgegenkommend an. So verabredeten wir uns am Busbahnhof von Campinas. Diese so sanfte Stimme machte mich äußerst neugierig. Ich hörte nicht auf, mir vorzustellen, wie die junge Frau wohl sein würde, deren Stimme ich nun kannte.

Die Erinnerung an einen Tag in Goiânia wurde lebendig, als mich Judite in eine Kapelle mitnahm, in der sich eine kleine Gruppe von Frauen einmal wöchentlich zum Gebet traf. Ich ging in die Kapelle hinein, in der das Allerheiligste ausgesetzt war, und sah um den Altar mehrere Frauen knien oder am Boden sitzen, die dem Herrn Gebetsanliegen, die in einem gelben Heft aufgeschrieben waren, vorbrachten. Ich war sehr beeindruckt von dem Glauben dieser Frauen, die den Thron aller Gnaden erstürmen und in die Herzenswunden des Lammes eintauchen wollten, um sich in Tröstende verwandeln zu lassen und um selbst getröstet zu werden. Am Ende dieser Liebesbegegnung, bei der sie Gott, die Liebe, lieben wollten, beteten sie für mich, der ich neben dem Allerheiligsten kniete. Mit sicherer Stimme bestätigten mir Judite und die anderen Damen, dass diese junge Frau aus Campinas für mich von Ewigkeit her bestimmt war. Ich erinnere mich, dass ich in diesem Augenblick sehr zu weinen begann. Die ganze Zärtlichkeit des himmlischen Vaters, der mich nicht im Stich gelassen hatte, berührte die Leiden, die mein Herz seit so langer Zeit erduldete…

Nun kam ich diesem Herzen näher, das für mich geschaffen war. Nur noch wenige Tage dauerte es bis zu meiner Abfahrt nach Campinas. Wie ängstlich war ich doch, sie kennenzulernen — trotz der Aktivitäten, die mich den ganzen Tag in Anspruch nahmen! Ich war dabei, ein Buch über das Leben der Piloten der «garimpos» zu schreiben, befasste mich wieder einmal mit der englischen Sprache und besuchte einen Hubschrauberkurs für die Instrumentenflugberechtigung. Obwohl meine Tage völlig ausgefüllt waren, habe ich nie meine kleine Liste aufgegeben, die in allen Momenten immer griffbereit war.

Und schließlich kam der Tag, an dem ich den Bus nach Campinas nahm. Die ausgedehnten Kiefernwälder, die sich entlang der Autobahn Bandeirante aneinander reihten, ließen mich an Kanada denken, wo ich mein zukünftiges Leben plante. Abgesehen von der großen Sehnsucht, Suzel kennenzulernen und dem Bangen davor, lebte ich bereits in einer anderen Wirklichkeit, die mich ganz in Anspruch nahm, die von Kanada, dem Land, von dem ich träumte. Es ist wahr, ich hatte es unterlassen, den Herrn zu fragen, ob dieser Plan auch der Seine ist.

Als ich in Campinas ankam, schenkte ich allem, was mich umgab, Beachtung. Alles in dieser Stadt war wichtig, wohnte doch hier die Frau, die ich nach Gottes Willen kennerlernen sollte. Vor dem Busbahnhof stehend wartete ich auf die Ankunft ihres Autos. Sie hatte mir die Automarke sowie seine Farbe und die Nummer des

Autoschildes angegeben. Jedes Auto, das ihrem Auto glich, zog meine Aufmerksamkeit auf sich.

Zehn Minuten hatte ich gewartet (wie lange war doch dieses Warten gewesen!), und dann kam sie.

Ich begegnete ihr nun, der Frau, die die Frau meines Lebens sein sollte!

4. «Wir wissen, dass Gott bei denen, die Ihn lieben, alles zum Guten führt…!» (Röm 8,28)

Eines Tages, so erzählte Suzel, wurde ich dringend ans Telefon gerufen, um eine Kranke zu untersuchen, die gerade aus Goiânia angekommen war.

Ein befreundetes Ehepaar, das um mein Fachgebiet wusste, hatte beschlossen, mich anzurufen.

Als ich bei ihnen ankam, fand ich ein verängstigtes junges Mädchen und besorgte Eltern vor, die nicht wussten, welche Entscheidung sie treffen sollten. Nachdem ich lange mit ihnen gesprochen und ihr Kind untersucht hatte, willigte ich ein, ihre Tochter zu pflegen.

Von diesem Tag an erwarteten mich viele Überraschungen durch die außergewöhnlichen Menschen, denen ich an jenem Abend begegnet war.

Während mehrerer Jahre pflegte ich dieses kleine Mädchen, das damals zwölf Jahre alt war. In dieser langen Zeit war ich öfters sehr bewegt von dem außergewöhnlichen Glauben der Mutter, die dem Unmöglichen trotzte und daran glaubte, dass Jesus ihr Kind heilen werde, besonders in der Zeit, in der sein Leben bedroht war. Bis heute hören wir nicht auf, Gott zu loben, der in seiner unendlichen Treue und Barmherzigkeit im Leben dieses kleinen Mädchens eine außergewöhnliche Heilung bewirkte. Sie ist heute eine schöne Frau und Mutter von drei prächtigen Kindern.

Bei einer routinemäßigen Untersuchung der Tochter fragte mich damals Judite ohne Umschweife:

— «Suzel, warum bist du nicht verheiratet?»

Diese Frage überraschte mich nicht. Was mich aber vor allem erstaunte, war die seltsame Kühnheit der Mutter einer meiner Patientinnen. Schließlich waren wir hier, allein um ein Gesundheitsproblem zu lösen!

Ich schwieg einige Minuten, dann versuchte ich, ihr zu verstehen zu geben, dass sie indiskret war. Als ich aber ihre leuchtenden Augen sah, die neugierig auf mich gerichtet waren und auf eine Antwort warteten, sagte ich zu ihr:

— «Judite, ich erwarte als Ehegatten einen Mann, der mich liebt, aber der Gott mehr liebt als mich.»

Judite blieb still und machte niemals mehr eine Bemerkung über meine Antwort.

Ich konnte mir nicht vorstellen, dass diese Worte mich Jahre später durch diese Frau dem Manne zuführen würden, den ich suchte.

Niemals hätte ich mir vorstellen können, dass wegen ihnen Jahre später eines Abends das Telefon läuten und sich mein zukünftiger Gatte als Freund von Judite vorstellen und mich bitten würde, ihn in Campinas zu einer

Gebetsgruppe zu begleiten. Ja, so kam Denis das erste Mal mit mir in Verbindung.

Ich muss ehrlich gestehen, dass ich ein wenig erstaunt war über diese Bitte, denn letztlich fehlte es in São Paulo nicht an Gebetsgruppen. Warum wollte er gerade nach Campinas kommen?

Doch dann sagte ich mir, ohne genauer zu verstehen: «Weil Campinas in ganz Brasilien sehr bekannt ist für seine intensive Beteiligung an der charismatischen Erneuerungsbewegung, will er wohl hierher kommen! Nun gut, da es so ist, werde ich ihn mitnehmen zu der Gruppe, zu der ich gehöre.»

Wie konnte ich mir vorstellen, dass der Mann meiner Liste da war! Ja, denn auch ich hatte eine Liste erstellt!

Angeregt durch die Lektüre eines Artikels, fasste ich vor Jahren den Entschluss, eine kleine Liste zu machen mit den Eigenschaften, die ich von Gott für meinen zukünftigen Ehepartner erbat.

Ich erinnere mich, dass das Erste, was ich darauf notierte, war, dass er Jesus liebte und ein Verkünder Seines Wortes sei, ganz wie der Apostel Petrus.

Ich wollte auch, dass er mutig und fröhlich sei.

Und natürlich, dass er ein treuer Ehemann sei. Das Äußere war für mich zweifellos nicht so wichtig wie für ihn.

Ich hatte diese Liste vor mehr als zehn Jahren geschrieben und sie in meine Bibel gelegt, nachdem ich zuerst zu Jesus mit großem Glauben gebetet hatte, Er möge mir diesen Ehepartner schenken. Ich ließ sie darin, denn das Wort Gottes ist die Verheißung, den Sieg zu erlangen und all das zu erhalten, was wir brauchen.

Weißt du, wie viele Verheißungen in der Bibel stehen? 8000! Wie könnten wir diese Fülle nicht in Anspruch nehmen? Leben wir also aus der Barmherzigkeit Gottes, um ein Leben zu haben wie ein Königskind!

Ab diesem Zeitpunkt kreuzten mehrere Männer meinen Lebensweg, aber keiner rührte mein Herz so an, dass ich hätte sagen können: «Er ist's!»

Würde ich diesen Satz heute Abend sagen können bei der ersten Begegnung mit Denis am Busbahnhof?

5. Die Begegnung

Schließlich standen wir einander gegenüber. Wir plauderten ein wenig und gingen dann gemeinsam in die Gebetsgruppe.

Ich muss gestehen, dass keiner von uns in diesem Augenblick etwas Besonderes gefühlt hatte, nicht diese Liebe auf den ersten Blick, die einen oft innerlich erbeben lässt.

Keiner von uns beiden dachte in jenem Moment, dass wir füreinander geschaffen seien.

Suzel empfing mich lächelnd, voller Aufmerksamkeit und größter Sympathie. Ich passte auf alles auf, ließ nichts unbeachtet, ganz wie ich es auf meinen Flügen in Amazonien tat, wenn ich mit dem Hubschrauber eine Lichtung, die erst vor kurzem zugänglich gemacht worden war, überflog, um nicht mit dem Rotor am Heck an einen gerade abgesägten Ast zu stoßen.

Nach der Gebetsgruppe gingen wir eine Pizza essen und unterhielten uns lange miteinander. Ich fuhr nach Sào Paulo zurück und dachte, dass diese Ärztin sicher eine wunderbare Freundin werden könne, aber gewiss nicht meine Gattin, und dass sich Judite schwer geirrt hatte.

Von jenem Abend an entstand zwischen uns eine nette Freundschaft. Wir trafen uns häufig, und es kam sogar vor, dass wir über Kranke in einem Krankenhaus von Campinas beteten, was uns eine unvergessliche Freude bereitete.

Unsere Treffen waren für uns beide immer Anlass zu großer Freude, denn wir hatten viele Gemeinsamkeiten. Für mich war es überaus angenehm, Suzel zu treffen, denn an ihrer Seite verging die Zeit wie im Fluge.

Eines Abends erreichte mich zu Hause ein Telefonanruf, der mich sehr erfreute: Bonifacio war auf der Durchreise in São Paulo und wollte mich sehen.

Wir aßen gemeinsam zu Abend, und nachdem wir über die Piloten und Amazonien gesprochen hatten, fragte Bonifacio nach Neuigkeiten über Suzel. Ich sagte ihm, dass es ihr gut ginge, dass sie mir eine wunderbare Freundin geworden sei, dass wir uns von Zeit zu Zeit sähen…, dass ich aber die Absicht hätte, nach Kanada zu gehen und ihr nicht allzuviel Zeit widmen könne. Da sagte Bonifacio bevor wir uns voneinander verabschiedeten:

— «Denis, Suzel ist wichtiger als Kanada und das Buch, das du gerade über Amazonien schreibst. Nimm dir die Zeit, sie besser kennenzulernen!»

«Ich habe keine Zeit», antwortete ich ihm. «Das Datum meiner Abreise steht bereits fest.» Wir hatten Februar, und ich sollte am 4. April abreisen.

Auf beruflichem Gebiet hatte ich alles getan, was für einen Piloten in Brasilien möglich ist. Nachdem ich hier zwölf Jahre geflogen war, wollte ich nun einen anderen Horizont erkunden. Mein Durst nach Abenteuer und das Bestreben, den Höhepunkt der Karriere zu erreichen, drängten mich weit fort von hier. Ich wartete auf mein Visum, um mich in dem Land niederzulassen, wo zu jener Zeit schon mein Kopf und mein Herz waren.

Aber Bonifacio hatte Recht. Suzel war viel wichtiger als Kanada. Leider verstand ich das zum damaligen Zeitpunkt nicht.

Und eines Abends kehrte ich nach Campinas zurück, um Suzel auf Wiedersehen zu sagen, denn meine Abreise nach Kanada stand unmittelbar bevor. Eine Freundin, die gerade aus Paris gekommen war, begleitete mich, und ich wollte diese Gelegenheit nützen, um ihr mit Suzel ein wenig von den Wundern zu erzählen, die Jesus im Leben derer wirken kann, die Ihm ihr Herz öffnen.

Wir besuchten alle drei die Gebetsgruppe, wohin Suzel mich bei unserer ersten Begegnung mitgenommen hatte. An jenem Abend jedoch ging ich zum letzten Mal hin. Nach dem Gebet sassen wir noch bei Suzel zusammen, um unsere persönlichen Erfahrungen über die Liebe Gottes auszutauschen.

Schließlich war der Zeitpunkt der Abfahrt gekommen. Suzel fuhr uns zum Bahnhof, wo sie mich das erste Mal abgeholt hatte. Wir umarmten uns, und ich fuhr ab.

Vor meiner Abreise machte mir Suzel ein äußerst wertvolles Geschenk: Sie gab mir das Versprechen, mich überallhin pflegen zu kommen, falls ich einmal krank würde, wo auch immer. Ich konnte beruhigt reisen mit der Gewissheit, dass mich ein Arzt pflegen kommen würde, wohin auch immer mich meine Flüge hinführten. Dieses Versprechen bedeutete mir sehr viel, denn ich hatte die schmerzliche Erinnerung an die Malaria nicht vergessen, die ich mir in Itaituba geholt hatte. Ich lag dort tagelang verlassen in einem Krankenhaus auf einer alten, auf den Boden geworfenen Matratze, vom Fieber zermürbt. Neben mir starben Goldgräber, die schlecht gepflegt worden und ohne die Hilfe einer Person geblieben waren, die sie mit Liebe und Zärtlichkeit umsorgt hätte. Die Tage in diesem extrem schmutzigen Krankenhaus waren für mich unendlich lange. Ein einziger Arzt versuchte, ohne Medikamente und ohne Geld Wunder zu vollbringen. Den ganzen Tag allein wälzte ich mich unruhig auf einer zerschlissenen Matratze hin und her, die vom Schweiß all jener getränkt war, die sie vor mir benutzt hatten. Der Tod herrschte um mich herum und berührte mich fast, während draußen der ununterbrochene Motorenlärm der startenden und landenden Flugzeuge mir einhämmerte, dass das Leben weiterging.

Mit dem Versprechen von Suzel wichen bei mir die Schreckensvorstellungen von der Hitze und dem unerträglichen Geruch jenes Zimmers, von jenem auf den Boden geworfenen elenden Lager, von meinem schweißgebadeten Körper und vom Stöhnen der Sterbenden, die verzweifelt gegen den Tod ankämpften. Suzels Versprechen war zweifellos der schönste Goldklumpen, den ich aus Brasilien mitnahm. Die Gewissheit, dass sie kommen würde, um sich um mich zu kümmern, sogar in einem anderen Land, erfüllte mein Herz mit Freude und Frieden. Ich erinnere mich, dass ich allen meinen Pilotenfreunden in Kanada von meinem Privileg erzählte, in Brasilien einen Arzt zu haben, der mir versprochen hatte, mich im Falle einer schweren Krankheit pflegen zu kommen. Dieser kleine Satz wirbelte in meinem Herzen herum, denn keine Frau hatte mir jemals etwas so Großherziges und Kühnes versprochen. Ich wusste, dass Suzel nicht scherzte, und dass sie nicht der Typ Frau war, der etwas versprach, was sie nicht würde einhalten können. Ihr Versprechen war das letzte Geschenk, das mir Brasilien machte.

6. Montreal — Kanada

Vor meiner Ankunft in Kanada blieb ich noch zwei Monate in den Vereinigten Staaten, um einen Pilotenschein für Linienflüge mit Hubschrauber zu erlangen, den ich in Brasilien nicht bekommen konnte.

Von Connecticut aus rief ich eines Abends Suzel an. Den ganzen Tag über war ich geflogen. — Das Telefon hat den Vorzug, Distanzen zu verkürzen. — Brasilien hatte ich vor einem Monat verlassen, und ich begann, Sehnsucht nach unseren Gesprächen zu verspüren. In mir war der ganz große Wunsch, noch einmal mit Suzel zu sprechen. Nach langem Läuten antwortete sie schließlich am Telefon. Es war das erste Mal, dass wir uns seit meiner Abreise unterhielten. Ich hatte ihr eine Menge Dinge zu erzählen.

Mein Leben war nun sehr verschieden von dem, das ich in Brasilien geführt hatte, und meine Flüge ebenso. Ich war weit entfernt von meinen schlecht vorbereiteten und risikoreichen Flügen und von der freien Luftfahrt in Amazonien, die ich so sehr mochte, und wo Kontrollen praktisch nicht existieren.

Hier war die Luftfahrt ganz anders; alles war genauestens geplant und organisiert.

Der Gesang der Vögel im Garten um das Haus, in dem ich wohnte, erinnerte mich unentwegt daran, dass ich mich in einem anderen Land befand. Das Krächzen der Raben, die es in Brasilien nicht gibt, versetzten mich in die weiten Zedernwälder des Atlasgebirges zurück.

Auch die Früchte im Garten wiesen mich ständig darauf hin, dass ich Brasilien verlassen hatte. Hier gab es Johannisbeeren, aber auch Brombeeren und Heidelbeeren. Im Gegensatz zu Brasilien war es um acht Uhr abends noch Tag, und dieses sanfte Licht, so ganz anders als das tropische, teilte mir ebenfalls mit, dass ich nun in einer anderen Wirklichkeit lebte, weit entfernt von Brasilien, das ich liebte. Nach einem einstündigen Gespräch mit Suzel beschlossen wir, uns voneinander zu verabschieden. Ich hatte vom Haus eines Freundes aus angerufen und konnte nicht aufhängen, ehe mir die Telefonistin den Preis dieser internationalen Verbindung durchgab, die mich 105 Dollar kostete. Nachdem mir die Telefonistin mitgeteilt hatte, was ich diesem Freund schuldete, hörte ich Suzel am anderen Ende der Leitung ausrufen:

«So viel!»

In mir war der unvermeidliche Gedanke: «Das ist der Preis für einen Moment ohne Preis!»

Die Feststellung, dass Suzel noch am Ende der Leitung war, erstaunte mich sehr. Bedrückte sie meine Abwesenheit so, dass sie nicht auflegen konnte?

Wir telefonierten weiterhin von Zeit zu Zeit miteinander und begannen parallel dazu, einander zu schreiben.

Nach wie vor lobte und pries ich den Herrn mit meiner kleinen Liste, die mich überallhin begleitete.

Nachdem ich vier Monate in den Vereinigten Staaten geblieben war und letztendlich meinen Pilotenschein erhalten hatte, ging es weiter nach Kanada.

Kanada, das Land meiner Träume mit seinen prachtvollen Tannenwäldern und seinen rotbraunen Eichhörnchen, die von der Veranda zu meiner Küche sprangen, um eine Nuss oder ein Stück Brot zu ergattern!

Bei meiner Ankunft in Quebec hatte mich am meisten die Größe der Bäume überrascht. Sie schienen so klein im Vergleich zu den riesigen Bäumen, die ich von Amazonien her kannte.

Dort hatten sie mit ihren unendlich hohen, geraden Stämmen eine unmenschliche Dimension, während diese hier viel kleiner waren. Die ganze Vegetation war harmonischer und proportionierter und hatte auch eine andere Farbe. Unvergesslich ist mir die Freude, die ich empfand, als ich das erste Mal am Ufer eines von Tannen umstandenen Sees zeltete und dachte: In dieser neuen Umgebung wirst du keine weitere Malariaerkrankung mehr riskieren!...

Ich traf einen befreundeten Piloten wieder, den ich Jahre vorher in Florida kennengelernt hatte, und schloss mich seinem Freundeskreis an. Die kanadische Jugend ist zweifellos voller Charme und Leben. Immer bereit, Ausflüge zu planen und alle möglichen Sportarten auszuüben. Überrascht war ich, wie sportlich die kanadischen jungen Mädchen waren, wie gern sie Ski fuhren, Schlittschuh liefen, in den herrlichen Wäldern Langlaufsport betrieben oder im Sommer gar Fahrrad fuhren. Doch etwas verblüffte mich: Diese Jugend hatte gänzlich das Interesse an Gott verloren. Alles, was Gott betraf, störte sie. So konnte ich mit niemandem den wichtigsten Bereich meines Lebens teilen: meinen Hunger nach Gott. Diesen kanadischen Mädchen, von denen einige bildschön waren, fehlte das Wesentliche: der Geschmack an den göttlichen Dingen. Sie waren wie Blumen ohne Farbe und ohne Duft.

Im Gegensatz zu ihnen nahm Suzel trotz der schwachen Präsenz ihrer Briefe für mich ständig an Bedeutung zu. Sie war einer der wenigen Menschen, die nicht aufhörten, mich zu überraschen, denn sie lebte, was sie sagte. Sie besass eine tiefe Kenntnis vom Wort Gottes, und alle ihre Briefe waren in Gott verwurzelt oder nahmen auf Ihn Bezug. Er war für sie in allen Situationen gegenwärtig. Die Lauterkeit ihres Lebenswandels offenbarte ihren Hunger nach Gott. Und im Laufe der Monate nahm sie mit zunehmender Kraft einen Platz in meinem Leben ein.

Das Erste, was ich gewöhnlich tat, wenn ich nach Hause kam, war, im Briefkasten nachzusehen, ob sich ein Brief von ihr darin befand. Ungeduldig wartete ich jeden Tag auf diesen Moment. Es war eine Art und Weise, mich ihr zu nähern.

Neun Monate verstrichen.

Im Monat Dezember rief ich meine Mutter an, um ihr zum Geburtstag zu gratulieren. Sie wohnte in Toulon, im Süden Frankreichs. Und während des Gesprächs war ich selbst überrascht, mich von Suzel reden zu hören. Plötzlich unterbrach mich meine Mutter und sagte:

— «Denis, du sprichst viel zu viel von diesem jungen Mädchen. Ich sehe, du liebst sie!»

Diese Worte meiner Mutter ließen mich zusammenzucken. Sie wurden zum Schlüssel, der meine Augen für eine Realität öffnete, die ich bis dahin noch nicht erkannt hatte. Liebte ich Suzel? Natürlich, es war klar, ich liebte sie! Ich brauchte sie, um leben zu können. Deshalb waren für mich ihre Stimme, ihre Briefe und ihre Worte so wichtig.

Auf einmal hatte diese junge Frau eine solche Bedeutung für mich, dass es mir unmöglich war, etwas zu tun, ohne an sie zu denken. Ich wollte sie ganz in mein Leben einbeziehen.

15 000 Kilometer Entfernung waren notwendig, um zu entdecken, dass ich sie liebte!

Nach diesem Gespräch mit meiner Mutter kostete ich während mehrerer Tage die wunderbare Entdeckung aus, die mein Herz gemacht hatte, und ich dankte Gott für Seine unfehlbare Treue, die Er Seinen geliebten Kindern erweist. Gern hätte ich das erste Flugzeug genommen, um nach Brasilien zurückzukehren und Suzel wiederzufinden. Aber ich wusste nicht, wie ich es anstellen sollte, sie wiederzusehen und ihr meine Liebe zu gestehen...

Am 9. Dezember, um 6 Uhr morgens, in Brasilien war es 7 Uhr, nahm ich den Telefonhörer in die Hand. Ich hatte Suzel eine äußerst wichtige Entscheidung mitzuteilen.

In Montreal schneite es stark, und die Temperatur war auf minus 15°C gesunken, aber in meinem Herzen brodelte es vor Freude.

Und ich wählte ihre Nummer.

Sie war da, so weit weg und zugleich so nah bei mir. Suzel, die Frau, die ich mein ganzes Leben lang gesucht hatte.

Nachdem wir einige Worte gewechselt hatten, sagte ich, ohne länger zu warten:

— «Suzel, möchtest du, dass wir uns wieder treffen und uns verloben?»

Sie blieb einen langen Moment — für mich eine Ewigkeit — still und antwortete schließlich:

— «Ja, einverstanden!»

Suzel

In Campinas regnete es in Strömen.

Um 7 Uhr weckte mich das Klingeln des Telefons. Ich stand auf und dachte, es sei der dringende Anruf eines meiner Kranken.

Es war Denis. Seine Stimme war wie immer fest, aber dieses Mal schwang ein zärtlicher Klang mit.

Als er mir vorschlug, dass wir uns zur Verlobung wiedersehen sollten, dachte ich, ich schliefe und träumte und sei noch nicht aufgewacht.

Aber es war kein Traum. Ich schwieg im Moment seines Antrags, denn ich fühlte, dass sich etwas ganz Besonderes ereignete. Ich schaute zum Fenster hinaus, und trotz des herabfallenden Regens herrschte für mich strahlender Sonnenschein. Ich nahm seinen Antrag an, denn ich hatte in Denis einen mutigen, fröhlichen Menschen kennengelernt, der Gott fürchtete und an dessen Seite ich mich sicher fühlen würde, wohin auch immer mich die Wege führen würden.

Als Denis nach Kanada abreiste, hatte ich die Hoffnung aufgegeben, ihn wiederzusehen. Er würde in eine ganz andere Welt eintauchen, die sich von der meinen sehr unterschied. Die Entfernung zwischen uns war enorm, und Brasilien war nicht mehr in seinen Plänen enthalten.

Ich bedauerte das sehr, denn die Zeit, die wir miteinander verbracht hatten, war ausgesprochen glücklich gewesen. Angesichts dessen, was ich nicht mehr ändern konnte, blieb mir nur noch das Gebet. Jeden Tag, wenn ich beruflich mit dem Auto von einem Ort zum anderen fuhr, blickte ich zum Himmel und oft zu den Flugzeugen, die vorbeiflogen, und in diesen Augenblicken schloss ich Denis in mein Rosenkranzgebet ein und empfahl ihn der Allerseligsten Jungfrau Maria.

Ich betete einfach, ohne etwas als Gegenleistung zu erwarten. Ich wusste nicht, dass diese Gebete Gottes Hand antreiben würden, unsere Herzen zu berühren und unsere Lebenswege so zu lenken, dass wir uns wieder begegnen, aber jetzt ganz nach Seinem Plan und Seinem Willen.

Nachdem ich den Hörer aufgelegt hatte, war es mir unmöglich, wieder einzuschlafen. Ich war viel zu glücklich dazu. Ich erinnere mich, dass ich mich in meinem Zimmer niederkniete und dem Herrn dankte für Seine Treue und die Zärtlichkeit, die Er mir erwies. Er hatte mein Gebet erhört.

Die Tage vergingen, und mir wurde bewusst, dass Denis mir per Telefon, 15 000 Kilometer von Campinas entfernt, vorgeschlagen hatte, uns zu verloben! War es ein Traum oder ein Scherz? Nein, auf diese Weise handelt Gott an uns!

Es kam mir sogar der Gedanke, dass sich wegen der enormen Entfernung zwischen uns alles auf ein einfaches Abenteuer beschränken könnte. In dieser Befürchtung, so erinnere ich mich, riss die Antwort des Herrn alle Zweifel aus meinem Herzen und trug mich bis zum Tag unserer Hochzeit.

«Denn Gott hat befohlen, senken sollen sich alle hohen Berge und die ewigen Hügel, und heben sollen sich die Täler zu ebenem Land, so dass Israel unter der Herrlichkeit Gottes sicher dahin ziehen kann. Wälder und duftende Bäume aller Art spenden Israel Schatten auf Gottes Geheiß. Denn Gott führt Israel heim in Freude, im Licht seiner Herrlichkeit; Erbarmen und Gerechtigkeit kommen von ihm.» (Bar 5,7-9)

Ja, Gott der Herr beschloss, die Berge und die Hügel abzutragen, die Täler aufzufüllen und die Hindernisse zu entfernen, die zwischen den 15 000 Kilometern existierten, die uns voneinander trennten. Auf seinen Befehl hin öffneten sich alle Wege, damit wir in aller Sicherheit wandeln konnten, damit Er uns mit Seiner Gerechtigkeit und Seinem Erbarmen bis ans Ende führe.

Denis

Suzel war einverstanden.

Welch eine tiefe, unendlich große Freude fühlte ich in meinem Herzen! Sie war keine Frau, die mehrdeutige Antworten gab. Ihr Ja war bereits eine ernsthafte und aufrichtig gemeinte Verpflichtung.

Ich freute mich aus ganzem Herzen. Aber wie sollte ich es anstellen, sie zu sehen, lagen doch 15 000 Kilometer zwischen uns. Ich fragte sie also am Telefon:

— «Wo sollen wir uns treffen? In Florida, in Mexiko, in Kanada oder in Brasilien?»

Sie antwortete mir:

— «In Brasilien.»

Wir kamen überein, dass ich mich darum bemühen würde, auf dem schnellsten Weg nach Brasilien zurückzukehren. Aber ich benötigte Zeit, um meine Verpflichtungen, die ich in Kanada eingegangen war, aufzulösen.

Ich, der ich so große Anstrengungen unternommen hatte, um Brasilien hinter mir zu lassen, wollte dorthin zurückkehren wegen Suzel, mit einem Herzen, das außer sich war vor Freude. Mir wurde klar, dass Suzel viel wichtiger war als der Lebensstil, den ich in Kanada führen wollte, mit seiner so ganz anderen Luftfahrt als jener, die ich kannte, und seinen Skipisten, die ich so sehr mochte! Ich hatte viel von diesem Land geträumt, aber nun wusste ich nicht, was tun, um schnellstmöglich nach Brasilien zurückkehren zu können. Meine Liebe war viel stärker als dieses wunderschöne Land! So war es!

Weihnachten kam. Zu meiner großen Enttäuschung gelang es mir nicht, einen Platz im Flugzeug nach Brasilien zu bekommen; deshalb musste ich dieses Fest auf ganz andere Art und Weise verbringen, als ich es geplant hatte.

Da Suzel nicht an meiner Seite sein konnte, beschloss ich, ausschließlich mit dem Herrn Weihnachten zu verbringen, der sowohl der Herr des Weihnachtsfestes als auch der Herr unserer beiden Leben war. Ich ließ die Welt hinter mir, um lange Exerzitien in einer «poustinia» zu machen. Suzel riet mir in einem ihrer Briefe, dass ich Kanada nicht verlassen solle, ohne die «poustinia» von Catherine de Hueck Doherty kennengelernt zu haben. Also verbrachte ich einige Wochen in einer Holzhütte von 3 mal 2 Metern, mitten in einem schneebedeckten Wald. Das Wort «poustinia» bedeutet «Wüste» auf Russisch. In dieser Umgebung der Stille und der Einsamkeit, weitab vom weltlichen Getriebe, bestand alles nur aus Gebet und Kontemplation. In meiner ganz kleinen Holzhütte befand sich nur ein Bett, ein Stuhl und ein winziger Tisch mit einer Kerosinlampe. Während des Tages suchte ich mit einem Schlitten Holz, um meinen kleinen Ofen heizen zu können; ich betete und tauchte ganz in Gott ein. Diese Wüste war ein privilegierter Ort, um mit Ihm zu sprechen und auf Ihn zu hören. Nachts wachte ich von der Kälte auf und war gezwungen, aufzustehen, um den kleinen Ofen am Fußende meines Bettes zu heizen. In dieser «poustinia» war in der Tat alles so ausgedacht, dass wir das «Beten ohne Unterlass» nicht vergessen, selbst wenn die Stunden des Schlafens dafür unterbrochen werden müssen.

Mitten in der Nacht, bevor ich wieder schlafen ging, öffnete ich oft die Tür meiner Holzhütte, um das Stürmen des eiskalten Windes zwischen den vom Schnee ummantelten Tannen und ganz weit weg das Heulen der Wölfe zu hören. Und beim Anblick des mit Sternen übersäten Himmels, mich fasziniert, legte ich nun mein Herz vor den Herrn und übergab Ihm mein Leben sowie das meiner Verlobten und unser beider Zukunft.

«Ich beschwöre euch, euch nicht mehr so zu benehmen, wie es die Heiden tun»,[6] *sagt uns der Apostel Paulus, «sondern begreift, was der Wille des Herrn ist.» — «Was ihr braucht ist Ausdauer, damit ihr den Willen Gottes erfüllen könnt und so das verheißene Gut erlangt.»*[7]

In dieser «poustinia» machte ich sehr tiefe Erfahrungen, und durch sie erfuhr ich auch hier wieder die Liebe Gottes in meinem Leben.

---

6. Eph 5,17.
7. Heb 10,36.

Von einem Tag auf den anderen hatte dieses Land nicht mehr die gleichen Farben und die gleiche Faszination; einst hatte ich so sehr dafür gekämpft, dorthin zu übersiedeln! Nun wollte ich Suzel wiedersehen. Ich war einverstanden damit, mein Hab und Gut in Kanada zu verkaufen, um nach Sào Paulo zurückzukehren. Von meinen Freunden konnte niemand meinen Entschluss verstehen. Es war auch so schwierig, ihnen mitzuteilen, was ich in meinem Herzen trug! Wie konnte ich mich mit ihnen über das austauschen, was Suzel mir in ihren Briefen schrieb? «Fühlst du nicht auch, dass der Herr seit unserer ersten Begegnung in allen Einzelheiten unserer Beziehung, "mitschwingt"?»

Ja, die Hand Gottes ruhte auf uns! Und wenn Seine rechte Hand auf jemanden gelegt ist, kann Er alle Hindernisse überwinden. Von einer Stunde zur anderen hatte die Hand des Herrn meine Pläne und den Kurs meines Lebens geändert. Aber ich war glücklich, und es bedeutete mir wenig, alle Träume, die ich gehabt hatte, aufzugeben. Eine Kraft trieb mich an, nunmehr nach dem Plan, den Gott für mich vorgezeichnet hatte, zu leben! Gott hätte mich daran hindern können, nach Kanada zu gehen, aber Er hat es nicht getan, obwohl Sein Plan anders als der meine war. Gott hatte es erlaubt, und Er begann in dem Moment einzugreifen, den Er für geeignet hielt.

> *«Es gibt Zeiten, in denen Gott zulässt, dass wir allein gehen; während der Er uns nur beobachtet.»*[8]

Die Göttliche Vorsehung hatte in 15 000 Kilometern Entfernung eingegriffen, weil Gottes Zeit wohl gekommen war und Ihn diese Etappe meines Lebens daran hinderte, den Plan, den Er mit mir hatte, auszuführen.

Ich ließ liebenswürdige, fröhliche, sehr herzliche und überaus gastfreundliche Menschen in Kanada zurück. Und nachdem ich alle meine Sachen in ein Auto verstaut hatte, ging es los in Richtung Miami. Es war Winter, und alles war einheitlich in Weiß gehüllt. Als ich nach mehreren Tagen Fahrt im Süden der Vereinigten Staaten die ersten Flecken Gras erblickte, die ich wegen des Schnees seit Monaten nicht gesehen hatte, sagte ich mir:

— «Suzel, jetzt bin ich noch näher bei dir.»

In Florida ging ich jeden Tag an den Strand, während ich auf das Abflugdatum nach Brasilien wartete. Ich lief stundenlang am Ufer des ganz klaren Wassers entlang und beobachtete dabei die unermesslich langen Schaumkronen der ganz langsam herankommenden Wellen; ich dachte an den neuen Kurs, den mein Leben nun nahm, ohne dabei aufzuhören, Gott zu lobpreisen.

Der Abend meiner Abreise kam. Im Flugzeug war es mir unmöglich zu schlafen, zu stark war die Erregung, die in mir aufgekommen war. Ich werde Suzel wiedersehen! Im Augenblick befand ich mich zwischen zwei Welten. Ich kannte jene, die ich verlassen hatte, aber von jener, die mich erwartete, wusste ich gar nichts. Meine berufliche Zukunft und mein Gefühlsleben befanden sich ganz in den Händen Dessen, Der mich nie enttäuscht

---

8. Br. Ephraïm.

hatte und mich nach Brasilien zurückbrachte. Ich überließ mich vollends und bedingungslos der Göttlichen Vorsehung.

Und dieser Vers aus dem Wort Gottes kam mir unaufhörlich über die Lippen:

> *«Wer auf den Herrn vertraut, ist wie der Berg Sion, er wird in Ewigkeit Bestand haben»...*

Um mir die Zeit zu vertreiben, blieb ich lange im Cockpit, und als mir die Piloten mitteilten, dass wir nun Brasilien überfliegen werden, hatte ich Lust auszurufen:
— «Suzel, ich komme zurück! Er hat mich zu dir zurückgeführt...!»

Das Flugzeug landete. Während ich mein Gepäck holte, fühlte ich mein Herz so stark schlagen wie nie zuvor, nicht einmal bei meinen verrücktesten Abenteuern als Pilot. Plötzlich sah ich sie, sie war hinter den Glasscheiben, die uns trennten. Sie lächelte mir zu und schickte mir eine Kusshand. Mit meinen beiden Gepäckwagen, die ich so recht und schlecht vor mir herschob, ging ich den endlos langen Gang, der zwischen uns lag, entlang, ihr entgegen. Als ich mich ihr näherte, sagte ich zu ihr, indem ich sie anschaute:
— «Schenken wir unseren ersten Kuss dem Herrn!»

7. «Wunderbare Begegnung»

Suzel

Nach der Ankunft von Denis blieben wir sechs Monate lang verlobt, dann haben wir geheiratet.

Während dieser sechs Monate sind wir sehr viel miteinander ausgegangen, wir haben alles miteinander geteilt, vergassen aber nie, gemeinsam zu beten und aufmerksam auf das zu hören, was der Herr uns sagen wollte. Wir haben zahlreiche Gemeinsamkeiten entdecken dürfen, und die Freude, beisammen zu sein, wurde von Tag zu Tag größer. Es gab keinen Zweifel mehr: Gott wollte uns vereinen.

Die Zeit der Verlobung ist eine besondere Zeit und für die Beziehung eines Paares von äußerster Wichtigkeit, denn sie kündigt bereits an, was die Ehe sein wird.

Glückliche Verlobungszeit = glückliche Ehe

*Verlobungszeit voller Streitigkeiten
= Ehe voller Streitigkeiten*

Ich wurde von zahlreichen Frauen, die eine unglückliche Ehe führten, ins Vertrauen gezogen. Und auf ihr

Leben zurückblickend forschte ich nach, wie ihre Verlobungszeit war. Zweifellos war es immer eine stürmische Zeit, getrübt entweder durch Eifersucht oder Streitigkeiten aller Art, durch Untreue oder Laster, durch gegenseitige Beleidigungen oder familiäre Probleme... Diese Frauen waren blind in ihrer Illusion, als Verheiratete ändern zu können, was sie an ihren Verlobten nicht ertrugen. Sie hätten diese großen Probleme vor ihrer Eheschließung lösen müssen; nun waren sie in einer unglücklichen Beziehung gebunden, die noch viel stürmischer war als ihre Verlobungszeit.

Ehrlich gesagt, niemand ändert niemanden, wenn es nicht durch die Macht Jesu Christi geschieht. Er allein kann mit dem Heiligen Geist jemanden davon überzeugen, dass eine tiefe Änderung bei ihm dringend notwendig ist, indem Er in seinem Herzen das Bedürfnis nach einer echten Umkehr aufkommen lässt, ihn von Lastern und Fehlern befreit, die ihn festbinden, und indem Er in ihm das innere Gleichgewicht und Seine Herrschaft der Liebe wiederherstellt.

Was geändert werden muss, muss — durch Gottes Gnade — vor der Ehe geändert werden.

Denis

Während der Verlobungszeit, die eine Zeit des Wachstums und der Reife darstellt, ist die Sexualität das größte Hindernis, vor allem für die Männer. Diese Zeit des gegenseitigen Kennenlernens muss dazu dienen, die Qualitäten, aber auch die Fehler jener zu entdecken, die im Moment so anziehend ist. Es handelt sich um eine kostbare Zeit, die man nützen sollte, um ihre moralischen Werte und geistigen Fähigkeiten zu entdecken, und nicht um sich an einer Sexualität zu ergötzen, die ein zweischneidiges Schwert darstellt.

Warum?

> *Die Sexualität macht den Mann blind in seinem Urteilsvermögen.*

Die Explosion der Leidenschaft und die vorzeitige Entdeckung des Körpers der geliebten und begehrten Frau machen den Mann blind. Überlässt er sich ganz dem sexuellen Verlangen, wird er gleichsam von ihm beherrscht. Anstatt sich die Zeit zu nehmen, darüber nachzudenken, ob diese Gefährtin wirklich diejenige ist, die ihn sein ganzes Leben lang ergänzen wird, deren Qualitäten und Fehler er dabei abwägt, zieht die große Mehrheit der Männer es vor, sich mit Leib und Leben in die Sexualität zu stürzen. Dann sind sie so sehr Gefangene von ihr, fasziniert von diesem Körper, von dem sie besessen sind, dass sie die fundamentalen Hindernisse zwischen ihnen beiden nicht mehr unterscheiden können. Das ist ein gefährlicher Schleier, der die Probleme des anderen verdeckt.

Einmal verheiratet, und nachdem der Körper sich beruhigt hat, entdecken sie viel zu spät das wahre Ausmaß der Fehler ihrer jungen Frau. Voll Bitterkeit wird ihnen dann bewusst, dass sie nicht füreinander geschaffen sind. Wenn die Leidenschaft abklingt, beginnen auf Grund der

Unterschiede die Krisen, die bereits während der Verlobungszeit vorhanden, jedoch durch die Sexualität verdeckt waren.

*Es ist also eine weise Verrücktheit,
sexuelle Beziehungen vor der Heirat abzulehnen.*

Es erscheint als eine Verrücktheit, wenn ihr mit Mut und in gemeinsamem Einverständnis den sexuellen Beziehungen vor der Ehe entsagt. Für diese Welt, die den Sexualakt banalisiert hat, ist es eine Verrücktheit. Gewiss, es fällt nicht leicht, aber *du kannst dieses Hindernis überwinden, indem du alles vom Leib Jesu erwartest. Ja, alles vom auferstandenen Leib Christi erwarten, der in der heiligen Eucharistie gegenwärtig ist.*

«*Leib Christi, rette mich!*», flehte der heilige Ignatius. Dieser Satz sei auch dein Siegesruf im Moment der Versuchungen.

Wenn du die Freude der Reinheit kennen möchtest, musst du nicht nur gegen die sexuellen Versuchungen ankämpfen, sondern du musst auch dem Sieg Einlass gewähren, den dir Jesus in der Eucharistie schenkt. Die Heiligkeit Gottes, die Sündenlosigkeit Jesu Christi, die Liebe des Heiligen Geistes sollten für dich die Quellen deiner Keuschheit sein.

Sie beginnt im Herzen und im Blick, ehe sie im Körper zum Ausdruck kommt: *«Denn von innen, aus dem Herzen der Menschen, kommen die bösen Gedanken:*

Unzucht, Diebstahl, Mord, Ehebruch, Unkeuschheit...»
(Mk 7,21-22)

Dank des Gebetes und der Eucharistie erlaubst du dem Herrn, deine Gedanken, deine Wünsche, deine Blicke und deine Vorstellungen zu heiligen. Es ist nicht möglich, dass dein Körper rein bleibt, wenn dein Herz es nicht ist. «Leib Christi, rette mich!»

Die Keuschheit leben heißt, Gott in seinem Körper verherrlichen und zur Befreiung der Welt von der Sklaverei der Unreinheit beitragen. Möge der Leib Christi in der Eucharistie die Quelle deines Mutes, deines Vertrauens und deines inneren Friedens sein.

«Sei keusch und sei rein aus Liebe. Keusch aus Liebe und nicht aus dem Gefallen am Heroismus. Sei keusch für jemanden und nicht, um ein Moralgesetz zu erfüllen. Sei keusch in Demut und einfacher Hingabe deiner selbst und nicht durch überhebliches Durchsetzen-Wollen deines Willens. Wenn du rein bleiben willst in der Absicht, das schöne Bild von dir selbst zu bewahren, setzst du dich dem Hochmut aus. Sei rein im Voraus aus Treue deinem Partner gegenüber, du, der du eine Ehe eingehen willst.»

> *«Es ist unendlich viel wahrer und richtiger, aus Liebe rein sein zu wollen.*
> *Aus Liebe zum Herrn.»*[9]

---

9. André-Mutien LEONHARD: *Jesus und dein Leib*, Parvis-Verlag, 1994.

> *«Denn Gott hat uns nicht dazu berufen, unrein zu leben, sondern heilig zu sein.»* (1 Thess 4,7)

Eine Woche vor unserer Hochzeit erzählte mir Suzel, als wir uns sahen:

— «Diese Nacht hatte ich einen besonders schönen Traum, dessen Sinn ich aber noch nicht verstehe.»

Da ich sehr neugierig war, begann sie, ihn mir zu erzählen.

«Ich träumte, dass es uns nach den vielen Schwierigkeiten aller Art, die wir in den letzten Monaten erlebt hatten, endlich gelang, uns auf dem Gipfel eines Berges zu begegnen. Als uns die Freude über diese Begegnung überwältigte, überflogen unendlich viele weiße Vögel den Himmel, und darunter stand geschrieben: *"Zähle sie, wenn du kannst!"*»

Während zwei Tagen dachten wir über diesen seltsamen Traum nach. Am Vorabend unserer Hochzeit erzählte mir dann Suzel voller Freude, dass der Herr ihr im Gebet die Bedeutung dieses Traumes erschlossen habe.

«Als die Vögel über uns vorbei flogen, war es unmöglich, sie zu zählen, sie waren zu zahlreich. *"Ebenso unmöglich wird es euch sein, sagt der Herr, die Wunder zu zählen, die ich in eurem Leben wirken werde, wenn ihr mir treu seid!"*»

Und der Tag unserer Hochzeit kam.

Wir heirateten auf dem Lande, an einem wunderschönen Wintertag, und zu unserer großen Überraschung war der Himmel blau bei strahlendem Sonnenschein.

Wir waren die Letzten, die abfuhren, so sehr haben wir diese Momente genossen!

Am Ende des Nachmittags, es war noch Tag, während wir ein blühendes Feld überquerten, rief Denis auf einmal:

«Suzel, schau zum Himmel!»

Ich sah nun eine riesige Schar weißer Vögel über unseren Köpfen vorbei fliegen.

— «Das sind die Vögel meines Traumes...», rief ich.

Wir verstanden nun in der Tiefe unseres Herzens:

«... was kein Auge gesehen und kein Ohr gehört hat, was keinem Menschen in den Sinn gekommen ist: das Große, das Gott denen bereitet hat, die ihn lieben.» (1 Kor 2,9)

Und das sind zahllose Gnaden!

8. Die Treue Gottes

«Meine Seele freut sich in Ihm. Preiset den Herrn, all ihr Erwählten; feiert die Tage der Freude, erweist Ihm Dank.» (Tob 13)

Wir laden dich ein, in der Bibel das Buch Tobit, Kapitel 1-14 aufzuschlagen. Es ist sehr wichtig, dass du dir die Zeit nimmst, dieses sehr kurze und lehrreiche Buch zu lesen, es wird nämlich dein Leben verändern.

Lies es aufmerksam durch. Du wirst auf außergewöhnliche Lehren stoßen und entdecken, wie Gott in deinem Leben als Mann und als Frau eingreifen kann, damit sich eine «wunderbare Begegnung» nach dem Plan Seiner Liebe verwirklicht.

Diejenigen, die in ihrem Herzen den Wunsch zu heiraten tragen, mögen die Unterweisungen des Buches Tobit gründlich meditieren. Sie finden darin Orientierungen voller Weisheit über die Grundsätze, die sie leiten sollten, damit aus ihrer Ehe ein Segen und ein Sieg wird!

In der Bibel gibt es kein anderes Buch, das eine so deutliche Orientierung für die Eheschließung enthält. Es verkündet in vielfältiger Weise die Göttliche Vorsehung, die von lebendiger, immerwährender Aktualität und Weisheit ist und die du als Kostbarkeit im Innersten deines Herzens bewahren mögest. Es offenbart uns, dass Gott, der Herr, heute und gerade auch in unserem Leben solche Wunder und vielleicht noch viele andere mehr wirken kann.

Wenn du das Buch Tobit gelesen hast,
setze die Lektüre hier fort.

Sara, die Tochter von Raguel, hatte eine reine und ehrenhafte Seele, sie war ein verliebtes junges Mädchen, das Gott fürchtete und an Gott glaubte, in ihrem Gefühlsleben jedoch war sie allein, zutiefst allein.

Die meisten Mädchen ihres Alters waren bereits verheiratet und trugen übrigens deutlich sichtbar ihre Kinder durch die Straßen von Ekbatana; dadurch förderten sie — nicht ohne Eitelkeit — die Kritik in Saras Umfeld.

Aber Sara blieb weiterhin allein.

Einsamkeit, Stille und Jungfräulichkeit waren alles, was in ihrem Körper und in ihrem Herzen wohnte. Unterdessen wurde ihre Seele durch nichts in Angst oder Unruhe versetzt, wohnte doch der Herr ganz in ihr. Er gab ihrem Leben einen Sinn und füllte die Leere ihres Daseins aus. Er war es auch, der ihr durch Seine Liebe und Seine Zärtlichkeit die innere Ausgeglichenheit schenkte, so dass sie ohne jegliche Bitterkeit lebte, trotz ihrer Einsamkeit.

«Das Herz einer Jungfrau ist ihrem Wesen nach ein einsames Herz. Die menschlichen Emotionen affektiver

und sexueller Art, die von Natur aus lärmend sind, bleiben im Herzen einer Jungfrau in Ruhe; alles bleibt ruhig und in Frieden, wie eine ausgelöschte Flamme. Weder unterdrückt noch beseitigt, sondern einfach kontrolliert.» (Inácio Larrañaga).

So lebte Sara, und es bestand für sie kein Grund zur Traurigkeit, da sie auf Gott zu hoffen wusste. Ihr unerschütterliches Vertrauen auf den Herrn stützte sie und ließ sie bis zum heutigen Tag Folgendes bewahren:

— ***ein reines Herz:*** *«Du weißt, Herr, dass ich nie einen Mann begehrt habe und ein Herz frei von jeder Lüsternheit bewahrt habe.»* (Tob 3,14)

— ***eine tadellose Lebensweise:*** *«Ich habe mich nie unter zweifelhafte Menschen gemischt…»*

— ***eine heilige Heiratsabsicht:*** *«Wenn ich eingewilligt habe, einen Gatten zu erhalten, dann in der Furcht des Herrn und nicht aus Leidenschaft.»*

Leider ist eine materialistische Gesellschaft völlig unfähig, Saras Haltung und das Geheimnis der Jungfräulichkeit zu verstehen. Wir sind es müde zu hören, dass, menschlich gesehen, die Jungfräulichkeit absurd sei, Quelle für Neurose und Verdrängung.

Jene, die solches behaupten, haben Gott aus ihrer Welt (besonders aus ihrem Gefühlsleben und ihrem sexuellen Leben) ausgeschlossen, denn tatsächlich lässt sich das Geheimnis der Jungfräulichkeit nur in Ihm, in Ihm allein erklären.

Es handelt sich sichtlich um Menschen, die unfähig sind zu begreifen und zuzugeben, dass Gott in diesen Bereich des menschlichen Lebens eingreift; sie weigern sich zu verstehen, was es heißt, «sich zu bewahren», sich in Frieden zu bewahren, in der Gewissheit, dass sich Gottes Plan im eigenen Leben erfüllt. Und es ist überhaupt nicht erstaunlich, wenn man sieht, dass diese Menschen ihre Haltung sehr oft sehr teuer bezahlen müssen.

Sie gehören einer Welt an, in der der Mensch mit Nachdruck in eine Abhängigkeit von Geld, Alkohol, Zigaretten, Drogen und Sex geführt wird. Die Abhängigkeit von Sex ist in unseren Tagen schon an einem Punkt angelangt, dass er in allen Werbungen vorkommt, von Deosprays bis Eis, Joghurt und Schokolade!

Wie kann man also die Jungfräulichkeit gelten lassen, wenn sie die Freiheit ist, die verhindert, dass eine Abhängigkeit entsteht? Nein, die Jungfräulichkeit ist keine Geistesgestörtheit.

Jungfräulichkeit bedeutet Freiheit. Das bedeutet, nicht festgebunden zu sein, es sich nicht erlauben, abhängig zu sein; das heißt, sogar unter Druck nein sagen zu können, wenn die Mehrheit ja sagt.

«Es ist offensichtlich, dass die psychologische Beschaffenheit von Mann und Frau nach gegenseitiger Ergänzung verlangt. Wenn der wahre und lebendige Gott in einem jungfräulichen Herzen innewohnt, hört die Notwendigkeit der Ergänzung auf, weil das Herz vollkommen ausgefüllt ist. Aber wenn Gott ein Ihm geweihtes

Herz nicht vollständig ausfüllt, entsteht sogleich das Bedürfnis nach Ergänzung!» (Inácio Larrañaga)

Diese Notwendigkeit kann indessen von äußerster Schönheit sein, wenn Mann und Frau sich gegenseitig ergänzen, in Gott und mit Gott.

Sara wusste das, und sie trachtete im Laufe ihres Lebens, diese Ergänzung zu finden, denn sie trug Träume und Pläne in sich, von denen alle Versuche, sie zu verwirklichen, scheiterten. All dieses Scheitern beschäftigte sie natürlich zutiefst, aber der Grund für ihr größtes Leid bestand in den ständigen Demütigungen, denen sie in der Stille ausgesetzt war. Sie hatte Beleidigungen ihrer eigenen Dienerin zu erdulden; denn sie war sieben Mal zur Heirat gegeben worden, ohne dass eine Familiengründung gelang.

Aschmodai, der Schlimmste der Dämonen, tötete einen Bräutigam nach dem anderen, noch ehe sie eins wurden.

Aschmodai wird auch im Testament des Salomo zitiert, er wird als Feind der ehelichen Vereinigung betrachtet. Er ist der Dämon, der den Mann daran hindern will, sich mit der Frau nach dem Plane und Worte Gottes zu vereinen.

«Darum verlässt der Mann Vater und Mutter und bindet sich an seine Frau, und sie werden ein Fleisch.» (Gen 2,24)

Es existieren böse Geister, die die außergewöhnliche Ergänzung von Mann und Frau, die von Gott geschaffen wurde, verunstalten, zerstören, verhindern und durcheinander bringen wollen. Oder sie wollen die Harmonie jener bekämpfen, die sich ergänzen, um zur Ursache tiefer Zwietracht zu werden. Wir stellen uns in unserer Blindheit oft vor, dass diese Probleme, Störungen und Krisen im Leben von Paaren durch die sogenannte «Unverträglichkeit der Temperamente» ausgelöst werden.

Gott zeigt und warnt uns jedoch in Seinem Wort, damit wir erkennen: «Denn wir haben nicht gegen Menschen aus Fleisch und Blut zu kämpfen, sondern gegen die Fürsten und Gewalten, gegen die Beherrscher dieser finsteren Welt» (Eph 6,12) *und dass uns seine Gegenwart und Macht absolut notwendig sind, um in unseren menschlichen Beziehungen siegreich zu sein und um in den Genuss der Ergänzung zu kommen, die daraus entspringt und die sich in Frieden realisiert.*

Sara eilte in ihrer Not in ihr Zimmer… *«und blieb dort drei ganze Tage ohne zu essen und zu trinken. Und sie betete voller Inbrunst und flehte zu Gott, Er möge sie von dieser Verdemütigung befreien.»* (Tob 3)

Der Herr wandte ihr in Seiner großen Treue voller Mitleid und grenzenloser Liebe Seine Augen zu und sandte ihr den Erzengel Rafael, um sie zu befreien und den Plan zu verwirklichen, den Er für sie hatte.

Welch ein Zeugnis der Reife und Weisheit gibt die junge Sara uns Frauen von heute! In ihrem sozialen Umfeld verdemütigt, Opfer von böswilligen Bemerkungen, allein. — Anstatt sich in die Welt zu flüchten und verzweifelt einen anderen Mann zu suchen, wirft sie sich zu Füßen Dessen, der größer ist als die Welt, zu Füßen Gottes, und bietet Ihm ihr Leben an.

In ihrer Angst erhebt Sara ihre Augen zum Himmel, lobt den Herrn mit der ganzen Kraft ihres Herzens, was in diesem herrlichen Gebet seinen Ausdruck findet:

«Was ist der Mensch, dass er Deine Absichten erfassen könnte. Ehrt er Dich aber, ist er gewiss, dass er den Sieg davonträgt, selbst wenn Du ihn in seinem Leben prüfst; wenn Du ihm Trübsal schickst, wird er befreit werden; und wenn Du ihn züchtigst, wird er Zugang zu Deinem Erbarmen haben. Denn Du hast keinen Gefallen an unserem Untergang. Nach dem Sturm aber bringst Du Ruhe; und nach Tränen und Weinen erfüllst Du mit Freude. Gepriesen sei in Ewigkeit Dein Name, o Gott Israels!» (Tob)

Niemand kann den Herrn auf so außergewöhnlich schöne Weise loben, ohne Ihn im Innersten seines Herzens zu kennen. Sara, die wusste, dass Gott alles sieht und für alles sorgt, hatte wohl bereits bei anderen Gelegenheiten ihres Lebens die Erfahrung gemacht, dass Gott unendliche Liebe ist, dass Er voller Mitgefühl und voller Milde ist, dass Er weder Verderben noch Tränen Seiner Kinder will, und dass Er sie auf keinen Fall ihrer Verzweiflung überlässt. Folglich vertraute sie Ihm ihr Leben an, ihre Zukunft und ihr Schicksal, und sie wurde nicht enttäuscht.

> *Sara lehnte sich nicht auf, Sara lobte Gott und hoffte auf den Herrn.*

Sie pries die Treue und das Erbarmen des Herrn, und ihr Gebet kam zum Allerhöchsten. Und Er hörte auf ihr Rufen. Ja, Gott erhörte sie weit über das hinaus, was sie sich vorstellen konnte. Gott bestimmte für sie Tobias, einen Mann, der anders war als die anderen, weil er der Mann war, den der Herr ihr von Ewigkeit her bereitet hatte.

Der Herr wählte für sie einen Mann nach Maß aus, der sie in Wirklichkeit glücklich machen würde, denn Er irrt sich nie. Wie oft sind wir es, die auswählen wollen, wir ganz allein, was dann zur Folge hat, dass wir uns unglücklich machen.

Ihr Flehen, ihr Lob und ihr Fasten öffneten den Weg für den Mann ihres Lebens, dem sie in Kürze begegnen sollte!

«Soll ich also ebenfalls zum Herrn für mein Gefühlsleben beten?», fragst du mich. Gott antwortet dir heute durch Sara und will, dass du erkennst, wie sehr es notwendig ist, dass du Ihm alles anvertraust, was dich betrifft: von deiner Arbeit und deiner Gesundheit bis zu jenem Menschen, den du heiraten möchtest. Er freut sich, dieses wunderbare Abenteuer der Liebe mit dir teilen zu dürfen, dessen Höhepunkt eine Familie voller Segnungen sein wird, die in der ganzen Welt Zeugnis zu seiner Ehre ablegt. Und wenn es notwendig ist, dir einen Engel dafür zu senden, wird Er es tun.

Rufe dir jedoch in Erinnerung, wie sehr Sara vom Beginn ihrer Gebete an bis zu dem Tag, an dem sie Tobias betrachten durfte, in der Gelassenheit der Gottergebenen blieb. Am Anfang sah sie keine Veränderung, aber sie hoffte auf den Herrn und sah alles mit den Augen des Glaubens. Daraufhin handelte Gott. Das heißt, wenn du keine sofortige Antwort auf dein Gebet erhältst, darfst du auf keinen Fall denken, Gott habe dich verlassen. Nein. Lobe Gott, bitte und faste weiter, und Gott wird handeln!

> *Keine sofortige Antwort erhalten, bedeutet nicht, dass Gott nicht im Begriff ist zu handeln.*

Sara hätte sich niemals vorstellen können, dass Gott sofort nach ihrem Gebet Hunderte Kilometer entfernt einzugreifen begann, indem Er den heiligen Erzengel Rafael, einer der Sieben, die sich in Seiner Gegenwart befinden, auf den Weg des Tobias schickt.

Rafael, dessen Name «Gott heilt» bedeutet, kommt Tobias unerkannt als guter Freund und treuer Diener zu Hilfe, um den Dämon Aschmodai auszutreiben, was er ohne göttliche Hilfe niemals vermocht hätte. Rafael zeigt in seinem zutiefst freundschaftlichen Dialog mit Tobias ihm und uns allen klar auf, auf wen dieser Dämon Macht hat:

... «auf diejenigen, die die Ehe in einer Weise anstreben, in der Gott aus dem Herzen und dem Geist verbannt ist, die nur an ihre Leidenschaft denken, die wie das vernunftlose Pferd und Maultier sind. Über diese hat der Dämon Macht.»

Meditieren wir diese Worte Gottes, die über die Lippen des Erzengels Rafael kamen; in ihnen liegt das Geheimnis einer gelungenen siegreichen Ehe.

... «auf diejenigen, die sich für die Ehe entscheiden», jene die einander begegnen, sich regelmäßig sehen und feststellen, dass sie einander ergänzen können, die sich für immer alles versprechen und sich Liebe und Treue schwören in Freud und in Leid.

So machen es alle, die heiraten. Auf diese Art und Weise beginnt jede Familie. Ob reich oder arm, ob sie schöne Häuser, Paläste oder luxuriöse Villen, ja sogar armselige Behausungen bewohnen, alle gehen fast immer den gleichen Weg. Von guten oder schlechten Absichten angetrieben, versteckt oder offenkundig, scheint es zu Beginn keinen Unterschied zu geben zwischen einer Familie, die bis zum Schluss solide bleibt wie ein Fels und jener, die mit der Zeit auseinanderfällt.

... «indem sie Gott aus ihrem Herzen und Geist verbannen».

Ja, die Worte Rafaels werden nun klarer und verständlicher. Heiraten und sich von Gott entfernen, Ihn daran hindern, dabei zu sein und teilzuhaben an der Ergänzung, die Er selbst zwischen Mann und Frau geschaffen hat, bedeutet zweifellos eine offene Tür für das Misslingen.

... «Gott aus ihrem Herzen verbannen»

Der Erzengel Rafael spricht zuerst vom Herzen, das die Schatulle ist, in der wir unsere tiefsten Emotionen aufbewahren, das Allerschönste, was wir in uns tragen, aber auch all unsere «Fäulnis». Es sind indessen unsere Empfindungen, die unseren Willen kontrollieren, und dieser wiederum lenkt unser Leben.

Gott aus unserem Herzen vertreiben heißt, Ihn daran hindern, an unseren Gefühlen teilzuhaben, weil wir unsere eigenen unumschränkten Herren sein möchten; auch heißt es, Ihn daran hindern, an unseren Emotionen teilzuhaben, die wir nach unserem eigenen Willen kontrollieren und lenken wollen.

Wird man zum Beispiel des Körpers seines Partners überdrüssig, und empfindet man ihm gegenüber dann Ablehnung, könnte einem der Gedanke kommen, ihn durch einen anderen auszutauschen (und viele tun es).

Jedoch nach dem Willen unseres himmlischen Vaters verbindet sich ein Mann, wenn er mit einer Frau den Bund der Ehe schließt, sowohl mit ihrem Körper als auch mit ihrer Seele, und er darf diesen auf gar keinen Fall zurückweisen bzw. ihn austauschen wollen, denn der Mann bleibt weiterhin verantwortlich für ihre Seele. (Das kann sich jedoch von dem, was man empfindet..., völlig unterscheiden, und folglich auch von dem, was man tun möchte.)

Wenn also dieser Gott der Liebe nicht in unseren Herzen wohnt, um uns zum Sieg über das negative Gefühl zu verhelfen, das sich in uns einstellt, öffnet sich eine Tür für Satan.

Wenn wir dem Heiligen Geist nicht erlauben, in unserer menschlichen Natur zu handeln, reißen uns unsere Leidenschaften mit sich und dominieren uns. Es ist unerläßlich, dass Gnade und Natur in vollkommener Übereinstimmung zusammen leben und zusammen arbeiten.

Wir müssen dem Heiligen Geist erlauben, dass Er unsere Seele berührt, unsere Gefühle, unsere Intelligenz und unseren Willen, damit wir auf Gottes Weisheit zählen dürfen und uns unsere Leidenschaften nicht ins Verderben führen.

... *«Gott aus ihrem Geist verbannen»*
Gott aus unseren Gedanken verbannen heißt, die göttliche Orientierung für unser Leben abzulehnen. Es bedeutet, sich von Jenem zu entfernen, der das Licht der Welt ist. Es bedeutet auch, auf der eigenen Blindheit zu beharren, während man das Glück hätte zu sehen und frei zu sein.

Gott sieht weit, Gott sieht alles voraus. Gott öffnet uns mit Seiner Weisheit und Allmacht die Pforte unseres Lebens, damit uns nichts fehlt, denn Er ist die unerschöpfliche Quelle aller Reichtümer.

«Keiner vermag seine Werke zu verkünden.
Wer ergründet seine großen Taten?
Wer kann seine gewaltige Größe beschreiben und seine

großen Taten aufzählen bis zum Ende?
Man kann nichts wegnehmen und nichts hinzutun,
unmöglich ist es, die Wunder des Herrn zu ergründen.
Ist der Mensch am Ende angelangt, ist er noch am
Anfang, wenn er es aufgibt, ist er ratlos.» (Sir 18)

Wie also könnten wir Gott aus unseren Gedanken vertreiben? Wie könnten wir Ihn in unserem Leben an den Rand drängen? Wie könnten wir es ablehnen, Gottes Freund zu sein? Wenn wir so handeln, kann die Folge nur sein:

... *«und die nur an ihre Leidenschaft denken wie das Pferd und das Maultier, die ohne Vernunft sind»*...

Wenn ein Pferd durchgeht, aus welchem Grund auch immer, oder wenn sich ein Maultier störrisch verhält, können wir es mit allen Mitteln zu überzeugen versuchen und den ganzen Tag lang schöne Worte machen wie: «Also Esel, mach schon, Mut, vorwärts, du weißt genau, dass es so nicht geht!...» Tatsächlich wird nichts das Tier dazu veranlassen, sein Verhalten zu ändern, es sei denn eine gute Kandarre oder Zügel.

Genauso sind wir unseren Leidenschaften ausgeliefert, unseren Trieben und unserer eigenen Natur, beherrscht von unseren eigenen Gedanken.

Wenn Gott uns nicht durch Seine Weisheit lenkt, verlieren wir schließlich den gesunden Menschenverstand wie das Pferd oder der Esel. Wir sehen das tagtäglich um uns herum.

Ach, wie zahlreich sind die schmerzlich zerbrochenen Beziehungen von Ehepaaren, die den gesunden Verstand verloren haben und die Notwendigkeit des Dialogs nicht mehr einsahen, die zu Sklaven und Gefangenen ihrer eigenen Leidenschaften geworden sind! Wie viele Ehen gibt es, in denen anfangs die Liebe überzufließen schien und die mit der Zeit stumpf wurden und folglich im Chaos endeten! Wie viele Paare unterliegen der Eifersucht, dem Streit und dem Groll und zerstören dadurch für immer ihr Leben und jenes ihrer unschuldigen Kinder! Sie können den Kurs nicht mehr ändern, werden fortgerissen durch das Gewicht der Ketten des Aschmodai!

Zu Beginn ihres ehelichen Lebens stellten sich die Eheleute voll gutem Willen vor, dass ihre Liebe genüge, damit ihre Ehe gelinge und dass sie mit Fingerspitzengefühl und mit der Zeit ihren Partner positiv verändern könnten, sofern dieser ein schwieriges Naturell besitzt. Aber dann traten Krisen (Schwierigkeiten wirtschaftlicher Art, gegenseitiger Egoismus, Krankheiten, Kummer, sexuelle Probleme, Meinungsverschiedenheiten bezüglich Kindererziehung, Familienkonflikte) auf, und das Schiff erlitt Schiffbruch. Es ist der Bruch eines Bundes, den sie einander auf Ewigkeit geschworen hatten.

> *Wie viele Liebesschwüre werden zerbrechen, wenn nicht Gott mit dabei ist!*

«Welch ein Unglück für das Schiff, das ohne Kapitän unterwegs ist! Von Wellen und vom Sturm hin- und hergetrieben wird es Schiffbruch erleiden! Welch ein Unglück für die Seele, die nicht den wahren Kapitän, Christus,

hat! Der Dunkelheit des unbarmherzigen Meeres ausgesetzt, durch die Wogen der Leidenschaften hin- und hergeworfen, in Aufruhr gebracht durch die bösen Geister wie in einem winterlichen Sturm, wird sie schließlich den Tod finden. Welch ein Unglück für die Seele, der Christus fehlt, der sie wachsen lässt, um gute Früchte hervorzubringen.» (Hl. Makarius)

Es sind die Früchte des Maßhaltens, der Milde, des Verzeihens, der Entsagung. Das sind die Früchte wahrer Liebe.

Wenn du also Gott nicht erlaubst, wirklich Teil deines Lebens zu sein, auch teilzuhaben am Leben deines Partners, der deinen Weg Tag für Tag mitgeht, ist das Risiko sehr groß, dass Aschmodai in eure Beziehung eindringt und Streit entfacht. Der Einzige, der uns vor diesem gefährlichen Risiko bewahren kann, ist unser Allerhöchster Herr und Meister, unser Retter. Derselbe gestern, heute und morgen, Er, der Sara befreit hat. Dies ist eine der schönsten Lehren, die im Buch Tobit enthalten sind.

Tobias hörte Rafael aufmerksam zu, denn er war ein junger Mann, der Gott fürchtete. Seit seiner frühesten Kindheit lehrte man ihn, den Herrn zu fürchten und sich jeder Sünde zu enthalten, denn als bemerkenswerter Vater trug Tobit die größte aller Tugenden in seinem Herzen, die Tugend des Erbarmens und der Nächstenliebe. Er war leuchtender Zeuge des Wortes und der Liebe Gottes seinem Nächsten gegenüber. Tobit hatte sein

Kind nach dem Beispiel seines eigenen Lebens erzogen, und dieses Lebenszeugnis ohne Widerspruch hat den jungen Tobias von klein auf geprägt.

Und Tobit tat dies sogar durch die Prüfung des Schmerzes hindurch... *«Er hat Gott seit seiner Kindheit immer gefürchtet und seine Gebote gehalten, er lehnte sich nicht gegen Gott auf, weil er ihm diese Blindheit geschickt hatte, sondern er verharrte in der Furcht des Herrn, Gott lobend an jedem Tag seines Lebens.»* (Tob 2; 3)

... *«Wir sind Kinder von Heiligen, und wir erwarten das Leben, das Gott jenen gibt, die im Glauben an ihn fest bleiben.»* (Tob 2; 3)

Gott erhört nach dem Glauben des Herzens! Der junge Tobias hatte unter anderem eine bewundernswerte Eigenschaft: Er nahm die Ratschläge seines Vaters bereitwillig an.

— *«Mein Sohn, lobe Gott allezeit und bitte ihn, dass er deine Wege lenke und dass deine Absichten in ihm verankert bleiben.»* (Tob 4,19)

Tobias nimmt alle Worte seines Vaters in sein Herz auf. Er missachtet seine Ratschläge nicht. Im Gegenteil, er macht die Erfahrung dieses gerechten Mannes zur seinen und nimmt dadurch nicht nur an Weisheit zu, sondern zieht auch Gottes Segen auf sich herab, der über jene kommt, die ihre Eltern ehren.

Ach, wie viele Kinder weigern sich, die Ratschläge ihrer Eltern anzunehmen! Und so viele Mütter merken mit dem feinen Gespür in ihrem Herzen, dass die impulsiven und unüberlegten Haltungen und Reaktionen ihrer Kinder dramatische Konsequenzen in ihrem Gefühlsleben zur Folge haben werden. Aber durch ihre Leidenschaften blind geworden, fahren die Kinder in ihrer Sturheit fort.

Ja, Gott zeigt uns durch Tobias, dass wir die Autorität und die Ratschläge unserer Eltern nicht missachten dürfen. Es ist sehr nützlich für uns, diese zu kennen und sie im Lichte Gottes zu analysieren, denn oft spricht Gott durch sie. Tobias Vater ist es, der die göttliche Eingebung erhält, seinen Sohn nach Medien zu schicken, um die Summe Geld in Empfang zu nehmen, die er vor langer Zeit einem Freund geliehen hatte. Das Ganze hat den Anschein einer Geschäftsreise. Aber auf dieser Reise wird sich Gott offenbaren, indem Er mit seiner Macht in das Leben von Tobias und dem seiner Eltern sowie in das von Sara und ihrer Eltern eingreift. ***Gott offenbart sich ihnen allen.***

Wie sehr übertrifft doch die Art und Weise, wie Gott handelt, all unsere Vorstellung! Zuerst erscheint uns die Logik Gottes fast eine Verrücktheit, in Wirklichkeit aber bringt sie immer Freude in Fülle!

Tobias bringt der Bitte seines Vaters überhaupt keinen Widerstand entgegen:

«Ich will alles tun, Vater, was du mir aufgetragen hast. Aber wie soll ich das Geld holen? Dieser Mann kennt mich nicht, und ich kenne diesen Mann auch nicht. Ich

weiß nicht, welchen Weg ich für diese Reise nach Medien nehmen soll.» (Tob 5,1-2)

Gott hat einen so großen Wunsch, uns zu helfen, dass oft ein einfaches «Ja» unsererseits genügt, damit Er uns Türen und Wege durch die Beseitigung aller Hindernisse öffnen kann und wir als Sieger hervorgehen.

Wenn Gott etwas will, spielen Distanzen keine Rolle, kann Er doch seinen Engeln befehlen, den Weg zu bereiten. Das geschah mit Tobias, und das kann auch mit dir geschehen!

Vom Erzengel Rafael geführt, macht sich Tobias auf den Weg und überwindet alle Hindernisse, die sich ihm unterwegs entgegenstellen, um schließlich Sara zu begegnen. *Wunderbare Begegnung!*

> *Warum bittest du nicht deinen Engel,*
> *dich zu führen?*
> *Warum zweifelst du an der Hilfe des*
> *Himmels für die wunderbare Begegnung,*
> *auf die du wartest?*

Mut! Freue dich! Öffne dein Herz und lasse Gott handeln! Lobe Gott und harre aus im Vertrauen auf Ihn!

Welche Kraft und welche Freude waren doch bei dieser Begegnung von Tobias und Sara! Freude durchdrang die beiden Verlobten, Freude war bei ihren Eltern, Freude bei Rafael! Alle waren von unendlich tiefer Freude erfüllt! Ihre Augen füllten sich mit Tränen, denn sie erkannten in diesem Augenblick Gottes Macht und verkosteten die Freude des Himmels, die immer die Verwirklichung von Gottes Plan auf Erden begleitet. Sie entdeckten, dass sie demselben Stamm angehörten und erfuhren aus dem Munde Rafaels, dass Sara von Gott dazu bestimmt war, Gattin von Tobias zu werden. Raguel, der Vater von Sara, liebte Tobias wie seinen eigenen Sohn. Aschmodai war besiegt. Tobias erhielt das Geld, und Tobit erlangte das Augenlicht wieder. All das ist der Fingerzeig Gottes. Die göttliche Mitwirkung hatte zum Ziel, ihnen bei der Überwindung aller Hindernisse zu helfen, damit sie in Frieden zum Bund der Ehe gelangen und einst Gottes reichsten Segen auf ihre ganze Nachkommenschaft herabziehen konnten.

Gott sandte Rafael nicht nur, um Aschmodai auszutreiben und Sara zu befreien oder Reiseführer von Tobias zu sein oder Tobit zu heilen. Die Sendung von Tobias war viel wichtiger als all das. Indem er Tobias und Sara einander zuführte, lehrte Rafael sie, wie man sich gegen die Fallstricke des Teufels schützt (Tob 6,16-17) sowie gewisse Lebensregeln, die sie auf ihrem ganzen Lebensweg leiten sollen (Tob 6,18).

Gemeinsam beten!

In der ersten Nacht, in der zweiten, in der dritten..., in der hundertsten..., in der tausendsten... und während des ganzen Lebens! Die Ehe muss in einem Geist des Gebetes gelebt werden!

«Sara, steh auf, wir wollen zu Gott beten, heute, morgen und übermorgen, denn wir sind Kinder von Heiligen, und wir können uns nicht vereinen wie die Heiden, die Gott nicht kennen. Sie standen also beide auf und flehten inständig zu Gott, er möge sie stets in Gesundheit erhalten.» (Tob 8)

Und Sara fügte voller Demut hinzu: *«Hab Erbarmen mit uns, Herr, und lass uns gemeinsam in Gesundheit ein hohes Alter erreichen.»* (Tob 8)

Und der Herr erhörte sie und überschüttete sie mit Segnungen und Gnaden bis ans Ende ihres Lebens. Sie hatten sieben Kinder und erlebten die Kinder ihrer Kinder bis zur fünften Generation. Sie begruben ihre Eltern ehrenvoll, lebten in Freude und hatten die Gnade, von ihren eigenen Kindern begraben zu werden.

«Und seine ganze Familie und Verwandtschaft bewährte sich in einem Gott gefälligen Leben, so dass sie von Gott, den Menschen und allen Landsleuten geliebt wurden.» (Tob)

Geliebter Bruder oder geliebte Schwester, du hast hier nicht den Roman eines Autors fertig gelesen, der, auf eigenen Ruhm bedacht, seine ganze Vorstellung benützt hat, um einen Bestseller zu schreiben.

Nein, du hast heute eine Geschichte kennengelernt, geschrieben von einer Hand des Erbarmens, der Zärtlichkeit und unendlichen Liebe: von Gott!

Er, der sich nie ändert, der derselbe ist gestern, heute und morgen, Er, der nach wie vor mit gleicher Allmacht in das Leben derer eingreift, die sich Ihm anvertrauen und Ihm ihr Leben übergeben.

Das ist der Grund deiner Hoffnung!
Freue dich! Komm!
Lass diese allerheiligste Hand deine eigene
Geschichte schreiben!

Inhaltsverzeichnis

Vorwort	5
Einleitung	10
1. Wüstenjahre	13
2. Wie sollen wir Gott bitten?..................	28
3. Das gesegnete Adressbuch	46
4. «Wir wissen, dass Gott bei denen, die Ihn lieben, alles zum Guten führt…!» (Röm 8,28) .	60
5. Die Begegnung	64
6. Montreal — Kanada	69
7. «Wunderbare Begegnung»	83
8. Die Treue Gottes	90

Andere Bücher aus dem Parvis-Verlag

Die innere Freiheit

Das Ziel ist ganz einfach, schreibt der Autor, es scheint mir für jeden Christen äußerst wichtig zu sein, dass er entdeckt, auch in den ungünstigsten äußeren Umständen in sich selbst einen Raum der Freiheit zu besitzen. Der Mensch erwirbt seine innere Freiheit genau im gleichen Maß, wie Glaube, Hoffnung und Liebe in ihm erstarken. Dieses kostbare Werk, in einer einfachen und konkreten Ausdrucksweise geschrieben, wird «all denen eine Hilfe sein, die danach verlangen, offen zu werden für diese wundervollen inneren Neuschöpfungen, die der Heilige Geist in ihren Herzen zu verwirklichen sucht, um auf diese Weise zur herrlichen Freiheit der Kinder Gottes zu gelangen.»
von Pater Jacques Philippe, 192 Seiten, 13x20 cm € 14.- CHF 21.-

In der Schule des Heiligen Geistes

Wie sollen wir es machen, um es dem Heiligen Geist zu ermöglichen, uns zu leiten und uns beizustehen? In allgemeinverständ-licher Sprache zeigt uns Pater Jacques Philippe die praktischen Gegebenheiten auf, welche diese Fügsamkeit gegen-über dem Wirken des Heiligen Geistes ermöglichen.
128 Seiten, 8. Tausend € 7.- CHF 10.-

Suche den Frieden und jage ihm nach

Was sollen wir tun, wenn wir Zeiten der Verwirrung und der Beängstigung zu durchschreiten haben und dennoch im Vertrauen und in der Hingabe an Gott zu verbleiben verlangen? An Hand ganz konkreter Situationen lädt uns Pater Jacques Philippe ein, dem Evangelium entsprechend zu handeln. 128 Seiten, 10 Tausend € 7.- CHF 10.-

Zeit für Gott
Führer für das innere Gebet

Für wen ist das innere Gebet? Und wo, wann und wie kann man es praktizieren? Ein kleines Buch, reich an Beispielen und konkretem Rat.

von Pater J. Philippe, 128 S., 9. Tausend   € 8.–   CHF 12.–

Lieben heißt vergeben
Die christliche Ehe – gottverbunden, lebensnah, dauerhaft

Dieses Buch ist vor allem für Eheleute bestimmt, aber darüber hinaus kann es jedem helfen, der sich im Namen seines Glaubens irgendwo einsetzt.
(Aus dem Vorwort von Msgr. Hardy)

Es ist die Frucht von jahrelangem Zuhören und Rat-geben an Hunderten von Paaren. Pater Marin hat auf allen Gebieten des Ehelebens einen hervorragenden Einblick. So heikle Fragen wie Scheidung, Wiederverheiratung Geschiedener oder Abtreibung werden voller Mitgefühl und Erbarmen zur Sprache gebracht, immer aber im Rückgriff auf das Wort Gottes. Dieses Buch enthält etwa hundert Zeugnisse von Ehepaaren.

von Pater J. Marin, 384 S., 14x22 cm   € 20.–   CHF 30.–

Bleibt in Mir
Ein Weg zum inneren Gebet

Dieses Buch öffnet uns den schmalen Weg zum inneren Gebet. Wir lernen in vielen Zitaten die Erfahrungen von Gottesfreunde kennen, die aus dem inneren Gebet Inspiration und Kraft geschöpft haben.

Sr. Marie-Pascale teilt uns eigene Erfahrungen mit. Seine Lehre ist dicht, aber einfach, leicht faßlich für alle und von allen nachvollziehbar.

192 Seiten, 13x20 cm   € 10.–   CHF 15.–

365 Tage mit meinem Schutzengel

Diese Botschaften eines Schutzengels sollen einzeln nach einander gelesen und bedacht werden. Jeden Tag eine. Dein Schutzengel schaut ständig Gottes Angesicht (vgl. Mt 18,10). Und zugleich steht er dir Tag und Nacht bei, von deiner Geburt an bis zu deinem Übergang in die andere Welt; er ist dein Begleiter in Ewigkeit. Diese Texten sind ein Widerhall des Evangeliums, die den Menschen von Jesus Christus verkündigt worden ist.

von R. Lejeune, 192 Seiten, 11x17 cm, 3. Auflage, 12. Tausend   € 9.– CHF 14.–

Das Sakrament der Versöhnung
Das Wunder der Liebe

Warum und wie soll die Versöhnung gelebt werden ? Um das Verlangen zur Beichte zu gehen zu verspüren, gibt uns Pater Marin sehr praktische Ratschläge.

von Pater J. Marin, 224 Seiten, 13x20 cm   € 14.– CHF 21.–

Die priesterliche Frau
oder das Priestertum des Herzens

Hier richtet eine Frau, Jo Croissant, schlicht, warm und demütig das Wort an die Frauen. Dadurch wurden viele Frauen aufgeklärt; sie leben nun auf ganz neue, erfüllte Weise gemäß der Besonderheit und Schönheit ihres eigenen Wesens. Ein Buch für jede Frau in jedem Stand!

3. Auflage, 12. Tausend, 208 S., 13x20 cm   € 13.– CHF 20.–

Der Leib, Tempel der Schönheit

Jo Croissant, die Ehefrau von Bruder Ephraïm, preist in ihrem Buch die Schönheit des Leibes, der nach Paulus «ein Tempel des Heiligen Geistes» ist. Fundiert auf biblische Stellen, gibt sie eine Anleitung für Gruppenarbeiten in acht Übungsbeschreibungen, umrahmt von Zeugnissen und Gebeten. Für die immer größer werdenden Kreise, die im Tanz den Lobpreis zum Ausdruck bringen wollen, ist dieses Buch eine notwendige Hilfe.

von Jo Croissant, 240 Seiten   € 15.– CHF 22.–

Die Seligpreisungen
Unsere Berufung zum Glück
In 8 Kapiteln betrachtet Bruder Ephraïm die acht Seligpreisungen; in 3 weiteren stellt er die Seligpreisungen Mariens, die Seligpreisungen des hl. Josef und die göttliche Schau dar. Es ist ein bezauberndes Buch, voller Spiritualität. Wer die Lehre Jesu lebendig darstellen will, muß die Seligpreisungen von Bruder Ephraïm betend studieren.

von Ephraïm, 160 Seiten, 14,5x22 cm € 13.– CHF 20.–

Jesus und dein Leib
Die Sexualmoral, für Jugendliche erklärt
Das Buch richtet sich vor allem an die Jugendlichen, die sich mit den Fragen der Sexualmoral beschäftigen. Mgr. Léonard, Bischof von Namür, hat versucht, auf all die ganz konkreten Fragen einzugehen, und schließlich befaßt er sich mit der täglichen Übung der christlichen Keuschheit.

3. Auflage, 98 Seiten, 14,5x21 cm € 7.– CHF 10.–

Es wagen, die Liebe zu leben
In klaren und allgemeinverständlichen Worten spricht die Autorin zu uns von der Schönheit, Größe und Einzigartigkeit der christlichen Ehe. Wunderbare Seiten über die Ehe!

von G. Blaquière, 208 Seiten € 10.– CHF 15.–

Häuser der Anbetung
Die Seelen, die aus der Anbetung leben, bereiten die Erde darauf vor, Christus bei seiner Wiederkunft in Herrlichkeit aufzunehmen. Durch ihre Weihe an die Eucharistie bereiten sie die Weihe der Welt vor. Im Hinblick auf diese Weihe der Welt will Jesus Häuser der Anbetung erwecken. Sie sollen über die ganze Erde verstreut sein und Licht in ihre Umgebung bringen. Jesus will überall in unserer Mitte und in unseren Häusern wie «Brosamen des-selben Brotes sein, das an alle verteilt wird».

von Marie-Benoîte Angot, 240 Seiten, 13x20 cm € 14.– CHF 21.–

Padre Pio - Lehrer des Glaubens

Die Beobachter haben ihr Augenmerk auf die außerordentlichen Phänomene gerichtet, die Padre Pio zeichneten, so zum Beispiel die Wundmale, die Gabe des Hellsehens, die Bilokation. Er war jedoch vor allem ein Mystiker. Seine Worte waren anspruchsvoll und unbequem, aber auch gütig und ermutigend.

Der Autor dieses Buches wollte diese Botschaft hier wieder freilegen und den Lesern zugänglich machen. Das Buch legt eine Zusammenfassung dieser Lehre vor und führt uns in die «Glaubenslehre» von Padre Pio ein. Es soll für uns zu einem Lieblingsbuch werden, das man mehrmals liest und in Zeiten der Mutlosigkeit und der Verworrenheit aufschlägt. Es ist wie die Stimme eines Freundes, wie ein Begleiter, der uns auf unserem Weg leitet.
Renzo Allegri ist Journalist und Autor mehrerer Werke, von denen drei Padre Pio gewidmet sind.
336 Seiten, 14,5x22 cm € 18.- CHF 27.-

Pater Pio
Freund Gottes - Wohltäter der Menschen

Bekehrungen, Heilungen, Wunder, Seelenschau, Bilokation… sind in kurzen Erzählungen vorgestellt.
Ein spannendes Buch!
von P. Cataneo, 176 S., 13x20 cm
18. Tausend € 10.- CHF 15.-

Pater Pio aus Pietrelcina
Erinnerungen an einen bevorzugten Zeugen Christi

In dieser Biographie beschreibt uns Bruder Arni Decorte besonders Pater Pios geistliche Ausstrahlung. Er handelt von wenig bekannten Dingen. Der Leser entdeckt so die Persönlichkeit Paters Pio aus Pietrelcina, und auch die zahllosen Bekehrungen und Heilungen, die auf seine Fürbitte zurückgehen.
von A. Decorte, 320 S. + 8 S. Farbabb., 13. Tausend € 16.- CHF 24.-

Ein Aufschrei zum Himmel
Ein Buch (eine Novene) für alle, die sich in scheinbar aussichtsloser Lage befinden.

Wie geht's? Nicht besonders, jetzt muss wirklich der Himmel eingreifen, denn ich habe ein Problem, das mir unlösbar scheint... Hören wir solche Worte nicht immer wieder in unserer Umge-bung? Und wir wissen nicht mehr, an welchen Heiligen wir uns noch wenden könnten.
Hellseherei, Horoskope, Magnetismus oder Beruhigungsmittel, Glücksspiele, Alkohol, Drogen... Mit allen Mitteln sind wir auf der Suche nach Glück. Gott, wenn es dich also gibt..., dann lass meinen Aufschrei zum Himmel zu dir dringen!
80 Seiten, 11,5x16,5 cm € 6.- CHF 9.-

Heilung und Befreiung durch Fasten
Zur gleichen Zeit wie die Medizin das Fasten als eine der besten natürlichen Therapien anbietet, lädt uns auch die heilige Jungfrau Maria zum Fasten ein, dies jedoch im Hinblick auf Früchte, die in anderer Weise von Dauer sind. Sie offenbart uns die außerordentliche, in der Kirche so vergessene Macht des Fastens.

Wie können unsere gegenwärtigen Schwierigkeiten weitgehend beseitigt werden? Wie können die Mächte der Finsternis besiegt werden, die unseren Herzensfrieden und die Eintracht in unseren Familien so oft stören? Wie sichern wir uns im Krankheitsfall alle Heilungschancen?
Dieses ungewöhnliche, mit köstlichen Anekdoten durchsetzte kleine Werk lässt uns die völlig unbekannten Seiten des Fastens entdecken!
Schwester Emmanuel, 64 Seiten, 11,5x17 cm € 4.50 CHF 6.50

Leben mit Jesus Christus im Heiligen Geist
Für jeden Tag des Jahres bietet uns der Autor eine kurze Meditation an, wobei er sich auf biblische Texte stützt, welche er in den Mund Jesu Christi legt. Dieses, in einem sehr persönlichen und zu Herzen gehenden Ton gehaltene Buch möchte Erwachsene und jugendliche in einen vertrauensvollen Dialog der Liebe mit ihrem Schöpfer einzutreten, hinführen zu einer echten Spiritualität.
von Pater P. Cécile, 384 Seiten € 15.- CHF 22.-

Marcel Van – Autobiographie

Wer bist du, kleiner Van? Über den Mut dieses neckischen Kindes, seine Sanftmut, trotz schwerer Verfolgung, über die gänzliche Hingabe an Gott dieses kleinen Vietnamesen, der Himmel und Erde in Bewegung setzt und dem alles geschenkt wird, weil er mit leeren Händen dasteht, kann man nur staunen!...

Marcel Van (1928-1959) trotz zahlloser Prüfungen, wünscht sich Priester zu werden. Therese von Lisieux erwählt ihn zu ihrem hervorragendsten Schüler ihres «Kleinen Weges»: «Deine Berufung wird es sein, stets der verborgene Apostel der Liebe zu sein.»

Van verzichtet auf das Priestertum und tritt als bescheidener Bruder in das Kloster der Redemptoristen in Hanoi ein. «Jesus hat mir eine Aufgabe erteilt, und zwar, das Leid in Glück zu verwandeln. (...) Meine Freude ist es, zu lieben und geliebt zu werden.»

Sehr empfindsam, aber tollkühn wie ein Heiliger, verbringt er vor dem Hintergrund politischer Umwälzungen sein Leben bis zu seinem Tod in aller Stille in einem Lager in Nordvietnam.

Die Veröffentlichung dieses ersten Bandes der vollständigen Werke entspricht dem Wunsch Johannes Paul II., das Andenken an die Glaubensbekenner des 20. Jahrhunderts zu bewahren.

Kardinal F.-X. Nguyen van Thuan († September 2002), ehemaliger Präsident des Pontifikalausschusses für Gerechtig-keit und Frieden, war der erste Postulator von Marcel Vans Seligsprechungsprozess.

496 Seiten, 8 Seiten s/w-Abb., 14,5x22 cm   € 25.– CHF 38.–

Eine kurze Lebensbeschreibung – Bruder Marcel Van

Pater Boucher, sein Seelenführer, hat alle Schriften des kleinen Marcel Van aus Vietnam (1928-1959) versammelt und stellt uns hier diesen Lebenslauf vor. Marcel Van, der als Bruder bei den Redemptoristen in Hanoi eintritt, sein vertrauter Umgang mit Jesus, Maria und der Kleinen Therese, ist wirklich ein sehr großer Zeuge der Liebe Gottes. Er verbrennt sein Leben in der Stille bis zu seinem Tod in einem Lager von Nord-Vietnam.

von Pater Antonio Boucher, 80 Seiten, 11,5x17 cm   € 5.– CHF 7.50

Freuet euch allezeit!
... das ist möglich

Ja! Das ist möglich, wenn du es willst: weil auch Gott das will! Nimm die Einladung zur Freude an, gib Dem Antwort, der «Tag und Nacht vor der Tür deines Herzens, deines Lebens steht und anklopft. Wenn du ihm die Tür aufmachst, wird er bei dir eintreten und Mahl mit dir halten und du mit ihm.» (vgl. Off 3,20-21). Wenn ihr dieser Einladung folgt, wird Gott euch seine Freude schenken wie ein Talent, eine neue Befähigung zum Glück. Ein Buch, das wirklich jedem viel Mut gibt!

von Jean Pliya, 208 Seiten, 13x20 cm € 12.- CHF 18.-

Gott heilt... auch heute

Gott heilt gern, und Er heilt… heute wie eh und je! Glauben Sie das? Haben Sie sich in Ihrem eigenen Leben oder im Leben Ihrer Nächsten schon einmal unmittelbar vor diese Frage gestellt gesehen? Haben Sie sich schon einmal gefragt, wie und wann man um Heilung bitten soll? Haben Sie es schon einmal gewagt, darum zu bitten?

Philippe Madre verfügt über eine rund zwanzigjährige Erfahrung mit dem Heilungsgebet in der ganzen Welt. Hier richtet er den Blick auf die Wunderheilung und gibt Antwort auf die vielen Fragen und Einwände zu diesem Thema. Er hat mehrfach mit Pater Emiliano Tardif, jenem bedeutenden Zeugen, zusammengearbeitet, dem er dieses Werk widmete.

Mit seinen zahlreichen Zeugnissen von Heilungen, bei denen wir Gottes Macht am Werk sehen, macht dieses Buch sichtbar, dass Gott den Menschen nicht ohne den Menschen, nicht ohne seine Mitwirkung, rettet.

Ein Nachschlagwerk, das Seite für Seite Gottes Liebe zu einem jeden Menschen zeigt.

Philippe Madre, Arzt, seit 1975 Mitglied der Gemeinschaft der Seligpreisungen, ist verheiratet und hat zwei Kinder. Er ist Ständiger Diakon, Gründer der Vereinigung «Mutter der Barmherzigkeit» und übt weltweit einen Predigt- und Heilungsdienst aus.

256 Seiten, 14,5x22 cm € 16.- CHF 24.-

Der Rosenkranz
Ein Weg zum immerwährenden Gebet
Sieht nicht der Mensch, der die Perlen seines Rosenkranzes immer wieder durch seine Finger gleiten ließ, in der Tiefe der Betrachtung die Gnade des immerwährenden Gebets hervorquellen? Ein Buch für alle, die den Rosenkranz beten oder (besser) beten möchten! Im 2. Teil des Buches findet man Betrachtungen über die 15 Geheimnisse des Rosenkranzes.

von Pater Jean Lafrance, 128 Seiten € 9.– CHF 14.–

«Der kleine Weg» der Theresia von Lisieux
Spiritualität und Novene
René Lejeune hebt die entscheidenden Ereignisse des Lebens Theresias hervor. In einer für jedermann zugänglichen Redeweise, stellt er den berühmten «kleinen Weg der Kindschaft» dar. Durchdrungen von dieser Spiritualität, hat er eine Novene zusammengestellt, die vom Herrn einen Rosenregen von Gnaden für all jene erlangen sollte, die sie beten werden.

von René Lejeune, 96 S., 11x17 cm € 5.– CHF 7.50

Der Ruf des Hirten
So viele Eltern beklagen sich bitter : « Unsere Kin-der weichen uns aus, wir haben keinen Einfluss mehr auf sie. » Ist die christliche Erziehung ein hoffnungslos verlorener Kampf ?
Auf diese beklemmde Frage antwortet dieses Buch. Es enthüllt ein Geheimnis, das Wunder wirkt. Schon zu Beginn befreit er die Eltern von ihrer Angst ; er führt sie zur Freiheit und zum Glück, Kinder zu haben, zurück. Denn fortan haben sie die Gewissheit, dass ihre Erziehungsleistung schließlich erfolgreich sein wird. Dieses Geheimnis haben der Verfasser und seine Frau – als Eltern von zehn Kindern – voller Glück immer wieder «ausprobiert».

von René Lejeune, 208 Seiten, 13x20 cm € 13.– CHF 19.50

Der Rosenkranz – Ein leuchtendes Gebet

René Lejeune skizziert in einigen Worten die Geschichte des Rosenkranzes vom 14. Jahrhundert. bis heute, wobei er die fünf neuen lichtreichen Geheimnisse miteinbezieht und jedes einzelne der Geheimnisse auf wunderbare Weise meditiert. Er liefert uns auch alle Erklärungen und Gebete, die für das Rosenkranzgebet nötig sind.

Dieses kleine und kostbare Werk wird allen erlauben zu entdecken, dass der Rosenkranz eine mächtige Hilfe bedeuet um durch Jesus und Maria diesen Geist der Kindheit (Mt 18,3) wiederzufinden, der für den Eintritt ins Reich Gottes unabdingbar ist.

48 Seiten, 10,5x14,8 cm   € 2.– CHF 3.–

Klopft an! Es wird euch aufgetan!

Diese Novenensammlung ist von besonderen Wert sowohl für den Gläubigen wie auch für den Pfarrklerus.
Mit kirchlicher Druckerlaubnis hergestellt von Pater F. Holböck und M.-Th. Isenegger   312 S., geb.   € 15.– CHF 22.–

Wir beten zum Heiligen Geist

Sehr schöne Gebetssammlung zum Heiligen Geist mit Heilig-Geist-Lieder, Novenen, Rosenkränze, einen Heilig-Geist-Monat und verschiedene Gebete zum Heiligen Geist.
Mit kirchlicher Druckerlaubnis.
von M.-Th. Isenegger, 304 S., Bibeldruckpapier, Plastikumschlag, 10x15 cm   € 14.– CHF 21.–

Der Schlüssel zu den Schätzen Gottes

Eine Sammlung von Rosenkränze, Litaneien, Novenen und Kreuzwegandachten. Damit können Sie Gebetsstunden im eigenen Heim oder bei Gebetsgruppen vortrefflich und abwechslungsreich gestalten.

478 Seiten, 10x15 cm, Bibeldruckpapier, mit Imprimatur.
von Pater Dr. F. Holböck und M.-Th. Isenegger
€ 13.– CHF 20.–